www.der-firmkurs.de
Das Firmforum zum Kurs

Frank Reintgen
Klaus Vellguth

Menschen-Leben-Träume

Der Firmkurs.

Werkbuch für die BegleiterInnen der Jugendlichen

HERDER

Vorwort

„Der Fromme von morgen wird ein Mystiker sein, einer, der etwas erfahren hat, oder er wird nicht mehr sein."

Karl Rahner

Firmbegleitung zeigt heute ein buntes Gesicht. Sie reicht vom einstündigen Einzelgespräch im Büro des Pastoralreferenten über ein erlebnispädagogisches Bergsteigen mit meditativen Impulsen bis hin zum Zweijahreskurs mit fünf Phasen, wie unlängst ein Erfahrungsaustausch von Seelsorgerinnen und Seelsorgern in der Diözese Rottenburg-Stuttgart zeigte. In den meisten Gemeinden wird viel Energie und Phantasie aufgewendet, um trotz aller Schwierigkeiten und Unsicherheiten eine lebendige Firmvorbereitung zu gestalten. Und dennoch bleibt häufig am Schluss bei den Katecheten und Seelsorgern ein fades Gefühl der Unsicherheit oder gar Enttäuschung: Ist es überhaupt gelungen, die Jugendlichen für die Gegenwart des Heiligen Geistes in der Kirche zu öffnen? Oder müssen kleinere Brötchen gebacken werden, nach der Devise, dass man schon zufrieden sein muss, wenn die Jugendlichen ihren Spaß hatten?

Natürlich kann sich eine Firmvorbereitung nicht mit solch einem Minimalismus der Spaß-Gesellschaft begnügen. Doch sie muss sich realistische Ziele setzen, damit es nicht zur Überforderung der Katecheten kommt, die zwangsläufig zur Frustration führt. Vorprogrammiert ist eine solche Enttäuschung, wenn die Vorbereitung der Jugendlichen mit der heimlichen Erwartung verknüpft wird, junge Menschen wieder für die Kirche zu rekrutieren, was sich möglichst auch in den Besucherzahlen des Sonntagsgottesdienstes ausdrücken soll. Eine Firmbegleitung kann heute nicht mehr solch ein vordergründiges Ziel haben. Sie muss im 21. Jahrhundert nach anderen Sternen greifen. Eine anspruchsvolle Firmbegleitung darf sich zunächst drei Anforderungen stellen:

1. *Firmbegleitung muss den Jugendlichen religiöse Erfahrung ermöglichen und dabei helfen, diese zu reflektieren.*
2. *Firmbegleitung muss den Jugendlichen Berührungspunkte zur Kirche bieten, damit sie erleben, aus welchem Geist heraus Menschen leben, die religiöse Erfahrungen gemacht haben und für welche Gemeinschaft sie sich im Sakrament der Firmung entscheiden.*
3. *Firmbegleitung muss den Jugendlichen Glaubenswissen vermitteln, damit sie sich an dem Kommunikationsgeschehen in der Kirche beteiligen können und befähigt werden, ihre religiösen Erfahrungen mit dem Erfahrungsschatz der Kirche zu reflektieren und zu bereichern.*

Mit diesen hochgesteckten Zielen darf und soll eine Gemeinde heute mit Jugendlichen ins Gespräch kommen, die sich auf das Sakrament der Firmung vorbereiten möchten. Doch wie erreicht eine Gemeinde nun mit den Jugendlichen diese Ziele? Die Vielfalt der vorliegenden Firmkonzepte zeigt, dass es den Weg zu diesen Zielen nicht gibt. Dazu ist der Glaubensweg eines jeden Menschen viel zu persönlich und individuell. Der Weg hängt letztlich davon ab, von wo Menschen losgehen und in welcher Geländeform sich die Katecheten und Jugendlichen wohl fühlen. Jede Gemeinde und jeder Katechet muss einen Weg zum Ziel zusammen mit den Jugendlichen selbst bahnen. Die vorliegende Mappe soll dabei helfen. Sie beschreibt das Ziel eines solchen Weges, bahnt die einzelnen Wegstrecken und gibt in der Einleitung Anregungen, wie Gemeinden aus den einzelnen Wegstrecken einen individuellen Routenplan entwerfen können. Wichtiger Orientierungspunkt für die einzelnen Wegstrecken dieser Katechese ist das visionäre Zitat von Karl Rahner, dass Menschen sich nur dann für eine christliche Existenz entscheiden werden, wenn es in ihrem Leben zu nachhaltigen Glaubenserfahrungen kommt. Die folgenden „Wegweiser" werden diesen so genannten „mystagogischen Ansatz" detailliert beleuchten und auf seine Chancen hinweisen.

Vor allem möchte die Firmmappe Menschen ermutigen, sich als Katecheten mit den Jugendlichen, die sich auf das Firmsakrament vorbereiten, gemeinsam auf den Weg des Glaubens zu machen. So wie Abraham, der den Ruf Gottes vernahm: „Zieh weg in das Land, das ich dir zeigen werde". Am Ende solch eines Weges werden die Jugendlichen und Katecheten gleichermaßen feststellen, dass ihr Gaube gewachsen und ihr Leben reicher geworden ist.

Viele Ideen, die in diese Firmkatechese eingeflossen sind, wurden im Rahmen eines Studienseminars an der Katholischen Fachhochschule Mainz unter der Leitung von Prof. Dr. Hanneliese Steichele geboren. In dieser „Ideenschmiede" haben mitgearbeitet: Pia Bisterfeld, Linda Blumentritt, Julia Brands, Dorothee Groß, Nils Hoffmann, Silke Kunz, Juliane Reus, Katja Röser, Daniela Schmidt, Jessica Schmitt, Stephanie Veith und Esther Zenz. Mit ihren originellen Praxisvorschlägen haben sie den Grundstein dazu gelegt, dass diese Mappe weit über die Firmkatechese hinaus auch in der religiösen Jugendarbeit eingesetzt werden kann.

Unser Dank gilt allen, die mit ihren Anregungen zum Gelingen der Mappe beigetragen haben. Und wir hoffen, dass die Mappe dazu beiträgt, die Chancen der Firmvorbereitung in vielen Gemeinden neu zu entdecken.

Frank Reintgen

Klaus Vellguth

P.S.: Ein sprachlicher Kompromiss wurde in dieser Firmkatechese getroffen, der natürlich unbefriedigend bleiben muss: Um die Lesbarkeit zu fördern, wurde im Text auf die inklusive Sprachform verzichtet. Vor allem die Leserinnen bitten wir dafür um Verständnis. Wir wollten unlesbare Satzkonstruktionen vermeiden wie „Wenn der/die Katechet/in dem bzw. der Jugendlichen die von ihr/ihm ausgewählte Textpassage vorträgt, muss sie/er an dieser Stelle besonders auf seine/ihre Wortwahl achten". Solch eine Satzkonstruktion wäre zwar inhaltlich korrekt, ist in unserem Sprachgebrauch jedoch kaum nachvollziehbar.

Einleitung
Identität
Gott
Jesus Christus
Heiliger Geist
Kirche
Wegentscheidung

Wegweiser für den Firmkurs

Eine Übersicht

Keine Sorge: Gute Katecheten müssen nicht erst dicke Bücher lesen, um sich im Rahmen einer Firmvorbereitung mit Jugendlichen auf den Weg zu machen. Sie sind nicht angewiesen auf eine kluge Theorie, wie Jungen und Mädchen heute erfolgreich in die Welt des Glaubens eingeführt werden können. Sie brauchen auch keine seitenlangen Kommentare darüber, wie die Inhalte des Katechismus heute noch als appetitliche Häppchen zubereitet und an Jugendliche verfüttert werden können. Wenn Katecheten sich mit den Jugendlichen auf den Weg machen, sollten sie sich nicht zu schwer mit grauer Theorie und eigenen Anforderungen belasten. Sie dürfen beruhigt mit leeren Händen losziehen.

Viel wichtiger als das, was sie in den Händen halten, ist die Frage, wie sie den Jugendlichen ihre Hände entgegenstrecken. Wird es fordernd wirken oder fördernd, vorwurfsvoll oder verständnisvoll, distanzierend oder einladend? Und werden die Katecheten mit ihren Händen permanent die Richtung vorgeben? Oder begegnen sie den Jugendlichen mit offenen Ohren, aufmerksamen Blicken und behutsamen Händen? Zu einer offenen Haltung den Jugendlichen gegenüber will dieser Firmkurs die Katecheten ermutigen. Solch eine Einstellung wird den Jugendlichen am ehesten vermitteln, wie wohltuend es ist, sich gemeinsam mit anderen Menschen auf den Glaubensweg zu machen, der Kirche heißt.

Manchen Katecheten hilft es, sich vor oder während des Firmkurses intensiv mit den Fragen rund um das Thema Firmvorbereitung auseinander zu setzen. Für sie sind am Ende dieser Handreichung die Wegweiser ausführlich beschrieben (siehe Seite 177). Eine schnelle Orientierung über das gesamte Terrain der Firmkatechese bieten aber schon die folgenden Überlegungen.

Wegweiser der Sakramententheologie

Ursprünglich war die Firmung noch fester Bestandteil eines einzigen Aufnahmeritus in die Kirche, in dessen Zentrum drei Zeichenhandlungen standen: Eintauchen in das Wasser („Taufe"), Handauflegung durch den Bischof („Firmung") und eucharistisches Mahl („Kommunion"). Diese liturgische Einheit fiel im vierten Jahrhundert auseinander. Mit dem Auseinanderfallen der einen Aufnahmefeier in drei „Stationen der Aufnahme" veränderte sich die Bedeutung der einzelnen Stationen, die jeweils ein eigenes Profil gewannen. Die Firmung wurde immer mehr als das Sakrament der (religiösen) Reife verstanden. Sie begleitet den Jugendlichen auf dem Weg des Erwachsenwerdens und markiert die Station der religiösen Entscheidung, die ein Jugendlicher fällt.

Wegweiser der Jugendsoziologie

Die Jugendkultur ist überraschend bunt. Den Jugendlichen an sich hat es noch nie gegeben und gibt es auch heute nicht. Dennoch liegen Untersuchungen vor, denen man Trends über die religiöse Gemütslage vieler Jugendlicher entnehmen kann. So besuchten 83 Prozent der Jugendlichen laut der jüngsten Shell-Studie in den letzten Wochen keinen Gottesdienst. Fast die Hälfte von ihnen (46 Prozent) gibt an, nur ungern über religiöse Dinge zu reden. Doch auf der anderen Seite schlummert in vielen Jugendlichen auch eine unausgesprochene Sehnsucht. Immerhin 27 Prozent aller Jugendlichen beten manchmal oder regelmäßig, ein Drittel von ihnen glaubt an ein Weiterleben nach dem Tod. Und: 7 Prozent aller Jugendlichen gehört einer kirchlich-konfessionellen Jugendgruppe an.

Wegweiser der Religionssoziologie

Jugendliche behaupten mehrheitlich von sich, nicht kirchlich geprägt zu sein. Gerade das Verhältnis zur katholischen Kirche ist konfliktbelastet. In der Firmpastoral sammeln sich nun all die Fragen und Herausforderungen, die im Spannungsverhältnis zwischen Jugendlichen und Religion (bzw. Kirche) entstehen. Um so erstaunlicher ist, dass Jugendliche sich heute noch in relativ großer Zahl zur Firmvorbereitung entschließen. Die Frage ist berechtigt: Was motiviert die *scheinbar* religionsverdrossenen Jugendlichen in einer *scheinbar* glaubensarmen Gesellschaft dazu, sich für ein solches *scheinbar* unattraktives Angebot zu entscheiden? Eine erste Antwort gibt eine Untersuchung aus dem Erzbistum Köln: „Der christliche Glaube wie auch die religiöse Erfahrung treten als Einflussgrößen auf die Firmentscheidung in den Hintergrund ... Ob sich einer der mehrheitlich 15- bis 16jährigen Jugendlichen in diesen Seelsorgebereichen firmen lässt, ist von seiner religiösen Praxis und den Meinungen von Personen abhängig, die dem Jugendlichen nahe stehen. In erster Linie sind dies Eltern und Freunde."

Wegweiser der Entwicklungspsychologie

Typisch für das Jugendalter sind Gefühlsschwankungen. Tiefe Niedergeschlagenheit wird von überschäumender Ausgelassenheit abgelöst. Der Jugendliche erscheint mal kindlich, mal sprunghaft-dynamisch. In der späteren Jugendzeit stabilisieren sich die Gefühle wieder. Durch die sexuelle Reifung werden Jugendliche in dieser Phase auch mit einer stärkeren Triebdynamik konfrontiert. Das Interesse für das andere Geschlecht erwacht.

Wegweisende Katecheten

Manche Katecheten - und zwar oft gerade die Frauen und Männer, die sich später als hervorragende Wegbegleiter herausstellen - zweifeln zu Beginn ihres Engagements, ob sie den Erwartungen gerecht werden können, die ein Katechet erfüllen muss. Doch zunächst einmal muss auch hier vom Bild des „Idealkatecheten" Abschied genommen werden. Genauso wenig, wie es „den Jugendlichen" gibt, existiert der „ideale Katechet". Und das ist gut so, denn die Jugendlichen erfahren so, dass ganz unterschiedliche Frauen und Männer sich auf einen Weg des Glaubens gemacht haben, von dem sie sich Lebenssinn versprechen.

Oft sind jene Frauen und Männer als Firmbegleiter besonders gut geeignet, die mit Jugendlichen ungezwungen kommunizieren können. Dabei geht es nicht darum, rhetorisch zu brillieren oder ein besonderes didaktisches Geschick an den Tag zu legen. Wichtig ist es, eine Dialogbereitschaft an den Tag zu legen. Häufig besitzen gerade die Christen solch eine kommunikative Fähigkeit, die selbst nicht in einem kirchlichen Milieu aufgewachsen sind. Ihnen fällt es aufgrund der eigenen Lebensgeschichte leichter, mit den (meist kirchenfernen) Jugendlichen über das Leben und den Glauben ins Gespräch zu kommen

Jugendliche werden zum Wegweiser

Die im Verborgenen existierende Religiosität Jugendlicher ist der eigentliche Proviant auf dem Weg der Firmvorbereitung. Die Wegbegleitung kann davon ausgehen, dass Gott sich im Leben eines jeden Menschen finden lässt. Der Firmkurs will die Jugendlichen ermutigen, ihr Leben bewusst einmal mit den Augen eines Christen zu betrachten. Die Katechese verlässt dabei den religiösen Bereich im engeren Sinn und öffnet sich für den gesamten Lebensvollzug der Jugendlichen, der aus dem Glauben gedeutet und gestaltet werden soll.

Solch ein Verständnis von Katechese bedeutet, dass es vor allem der Katechet ist, der sich im Firmkurs auf ungewohntes Terrain einlässt. Er wagt es, den von den Jugendlichen eingeschlagenen Weg mitzugehen und auf deren Pfaden zu wandeln. Im Leben der Jugendlichen, vor allem in der Jugendkultur und in der Gesellschaft, wird er Glaubenszeichen finden, die er zum Ort religiöser Erfahrung werden lässt. Einige dieser religiösen Elemente aus der Jugendkultur sind bereits in den einzelnen „Wegstrecken" aufgenommen worden und können direkt aufgegriffen werden. Da die Jugendkultur jedoch extrem schnelllebig ist, ist die Wachheit des Katecheten wichtig, um im Gespräch mit den Jugendlichen solche religiöse Wegzeichen zu entdecken. Er wird überrascht sein, an welch unvermuteten Orten (z.B. in der Popmusik) er fündig wird.

Die Wegstrecken als alternative Angebote

Einzelne Wegstrecken enthält dieser Firmkurs, die jeder Katechet im Rahmen der Firmkatechese variabel kombinieren kann. Die Wegstrecken orientieren sich an den Jugendlichen und den Säulen des christlichen Glaubens:

1. Identität: Der Glaube daran, dass sich hinter dem eigenen Leben und der eigenen Identität ein Geheimnis verbirgt, das größer ist als das Leben selbst. Um dieses Geheimnis zu erahnen, müssen Jugendliche die Möglichkeit erhalten, zunächst dem eigenen Leben auf die Spur zu kommen.

2. Gott: Der Glaube an Gott, den Anfang und das Ende allen Seins. Dieser christliche Gott ist nicht der strafende Buchhaltergott, sondern ein liebevoller Gott, der alles zum Guten wenden will und verletztes Leben heilt.

3. Jesus Christus: Der Glaube an Jesus, den Sohn Gottes, der den Menschen den liebenden Gott verkündet hat. An seinem Leben kann man bis heute ablesen, wozu Menschen fähig sind, die auf einen liebenden Vatergott vertrauen.

4. Heiliger Geist: Der Glaube an den Geist Gottes, der die Menschen mit Gott und untereinander als Kirche verbindet. Wenn Menschen diese Verbindung in ihrem Leben erfahren, ermatten sie nicht in Isolation, sondern werden in der Gemeinschaft für das Leben gestärkt.

5. Kirche: Ein weiteres Kapitel umfasst Bausteine zum Themenbereich „Kirche". Die Zugehörigkeit zu ihr können die Jugendlichen am Ende der Firmvorbereitung bewusst bestätigen.

6. Wegentscheidung: In diesem Kapitel finden sich Wegstrecken, die bewusst machen können, dass nun die Zeit für eine Entscheidung gekommen ist.

Natürlich wird niemand alle hier vorgestellten Wegstrecken verwenden. Die Wegstrecken der einzelnen Themenbereiche sind als Alternativen gedacht. Die Katecheten sind bei ihrer Routenplanung frei und können selbst entscheiden, wie viele Wegstrecken sie aus welchem Themenbereich wählen und welche Wegstrecken sie miteinander kombinieren. Dies wird wesentlich davon abhängen, wie viel Zeit für die gesamte Firmvorbereitung zur Verfügung steht. Zwei Kriterien sollten jedoch bei der Auswahl der Wegstrecken berücksichtigt werden:

- Mindestens eine Wegstrecke aus jedem Themenbereich sollte im Rahmen der Firmkatechese vorkommen.
- Bevorzugt sollten die Wegstrecken ausgewählt werden, auf denen sich am ehesten Glaubensspuren finden lassen.

Identität

Wegstrecke: Unsere Gruppenregel

Anlässe / Themen
- Gruppenfindung
- Kommunikation in der Gruppe
- Wünsche an den Vorbereitungskurs

bis zu 10 Personen

1-2 Stunden

- Stifte, Papier
- Tonpapier DIN A2

Charakter der Einheit
Reflexion – Gespräch

Chancen
- Jugendliche reflektieren ihre aktuelle Situation.
- Jugendliche stellen einen Verhaltenskodex auf, der Sicherheit für folgende Treffen gibt.
- Jugendliche lernen, sich im Gespräch zu öffnen.
- Jugendliche lernen, sich gegenseitig zuzuhören.

Biblisch-theologischer Kontext
Regeln ermöglichen das Zusammenleben der Menschen. Dabei entsteht eine Spannung zwischen Rücksichtnahme auf der einen und Selbstverwirklichung auf der anderen Seite. Auch die Bibel kennt diesen Zusammenhang. Ziel der zehn Gebote ist es nicht, die Freiheit des Einzelnen zu beschneiden, sondern eine möglichst große Freiheit für jedes Gruppenmitglied zu ermöglichen.

Mögliche Schwierigkeiten / weitere Hinweise
Jugendliche tun sich schwer, über die dunkle Seite ihrer Gefühlswelt zu sprechen. Sie betrachten Ängste als Schwäche und werden sie nur ungern zugeben. Wichtig ist, dass der Katechet darauf hinweist, dass der bewusste und behutsame Umgang mit seinen Ängsten ein Schritt zum Erwachsenwerden darstellt. Die gemeinsam entworfene Gruppenregel soll auch künftig verbindlich bleiben. Es ist Aufgabe der Jugendlichen und des Katecheten, bei späteren Verstößen gegen den Verhaltenskodex an die Regel zu erinnern.

Verlauf der Einheit

Zwischen Hoffen ...

Der Katechet verteilt Blätter im Raum. Auf ihnen stehen Satzanfänge, die von den Jugendlichen komplettiert werden sollen:

- Von der Firmvorbereitung erhoffe ich mir, dass ...
- Von den anderen Firmlingen erwarte ich, dass ...
- Vom Katecheten wünsche ich mir, dass ...
- Von der Gemeinde wünsche ich mir, dass ...
- Vom Pfarrer (Seelsorger) wünsche ich mir, dass ...
- Von meinen Eltern wünsche ich mir, dass ...
- Ich freue mich auf ...
- Ich wünsche mir, dass ...

Die Jugendlichen gehen nun schweigend durch den Raum und notieren dabei auf den Blättern, wie sie die Sätze vervollständigen wollen. Während dieser Phase kann im Hintergrund Musik laufen. Wenn die Musik nach ca. zehn Minuten ausgeschaltet wird, sammelt der Katechet die Blätter ein. Im folgenden Gespräch werden die Erwartungen und Hoffnungen der Jugendlichen vorgelesen und miteinander besprochen.

... und Bangen

Gerade zu Beginn eines Gruppenprozesses sind die Jugendlichen nicht nur voller Hoffnung, sondern oft auch ängstlich und unsicher. Nach der Präsentation und dem Gespräch über die Erwartungen der Jugendlichen legt der Katechet deshalb nun andere Blätter auf den Boden. Auch auf ihnen stehen Satzanfänge, die jedoch die Befürchtungen der Jugendlichen ausdrücken sollen:

- Schlimm fände ich, wenn ...
- Ich möchte nicht, dass die anderen Jugendlichen ...
- Ich möchte nicht, dass der Katechet ...
- Ich möchte nicht, dass der Pfarrer (Seelsorger) ...
- Ich möchte nicht, dass die Gemeinde ...
- Ich möchte nicht, dass meine Eltern ...

Wiederum haben die Jugendlichen die Möglichkeit, einige Minuten lang durch den Raum zu gehen und ihre Befürchtungen auf die Blätter zu schreiben. Anschließend werden auch die Sorgen der Jugendlichen vorgetragen: Jeder liest vor, was er auf den Blättern notiert hat. Dabei sollte darauf geachtet werden, dass die Äußerungen der Jugendlichen nicht kommentiert werden.

Gruppenregeln

Damit der Firmkurs gelingt und den Erwartungen der Jugendlichen möglichst entspricht, sollen die Jugendlichen verbindliche Regeln für die Kurstreffen aufstellen. Der Katechet bittet sie, sich zunächst paarweise zusammenzufinden und zu zweit auf einem Blatt zu notieren, was erwünscht bzw. verboten ist. Als mögliche Regeln können die Jugendlichen nennen:

1. Jeder soll versuchen, offen und ehrlich zu den anderen zu sein!
2. Jeder soll ganz persönlich von sich selbst sprechen (Ich-Aussagen) und nicht verallgemeinern (Man-Aussagen)!
3. Niemand muss etwas sagen, wenn es ihm unangenehm ist!
4. Was in der Gruppe gesagt wird, bleibt in der Gruppe und wird nicht weitererzählt!
5. ...

Nachdem die Zweiergruppen ihre Regeln aufgeschrieben haben, kommen alle wieder zusammen. Sie entscheiden sich, welche zehn Regeln ihnen am wichtigsten sind und schreiben sie auf ein Tonpapier im Format DIN A2. Der Katechet erläutert, wie wichtig klare Absprachen sind, um in einer Gruppe vertrauensvoll zusammenzu arbeiten. Diese „Zehn Gebote" werden deshalb zur verbindlichen Gruppenregel erklärt. Um dies deutlich zu machen, unterschreiben die Jugendlichen und der Katechet das zusammen erstellte Plakat. Wenn es möglich ist, wird die Gruppenregel aufgehängt, damit die Absprachen auch bei den folgenden Treffen präsent sind.

Wegstrecke: Mein Lebenspuzzle

Anlässe / Themen

- Gruppenfindung
- spätere Integration eines „Neueinsteigers“

bis zu 10 Personen

2 Stunden

- Kassettenrekorder oder CD-Player
- Kassette oder CD mit meditativer Musik
- weiße Blätter (DIN A4)
- Plakatkarton (DIN A2)
- Stifte, Wasserfarben, Schere, Klebstoff

- Text „Wer bin ich?“
- kopierter Liedtext „Einsam bist du klein“

Charakter der Einheit
Meditation, Stille, Kreativität, Gespräch

Chancen

- Jugendliche erfahren etwas über das Leben der anderen.
- Jugendliche reflektieren das eigene Leben.
- Jugendliche lernen, sich im Gespräch zu öffnen.
- Jugendliche lernen, sich gegenseitig zuzuhören.

Biblisch-theologischer Kontext
Der Mensch als Gottes Ebenbild (Gen 1,26a.27.31a).
Das Kreuz ist Symbol christlichen Lebens. Es ist Zeichen der Treue Jesu zu den Menschen und zu Gott.
Jesus bleibt authentisch in seinem Tun – auch in Angst und Todesgefahr.

Mögliche Schwierigkeiten / weitere Hinweise
Gerade zu Beginn der Firmvorbereitung ist diese Einheit sinnvoll. Die Katecheten müssen jedoch damit rechnen, dass es den Jugendlichen zunächst schwer fallen kann, sich auf die Auseinandersetzung mit ihrem Leben einzulassen. Sie wollen evtl. „cool“ wirken und werden die Methode „banalisieren“. Wichtig ist es, diese Störungen aufzugreifen und deutlich zu machen, dass es bei der Firmung um eine personale Entscheidung geht, die das ganze Leben betrifft.

Verlauf der Einheit

Wer bin ich?

Der Katechet liest als Einstieg den Text „Wer bin ich?“ von Dietrich Bonhoeffer vor. Er informiert über die Entstehungsgeschichte dieses Textes (Der protestantische Pfarrer Dietrich Bonhoeffer war während des Dritten Reichs Mitglied der Bekennenden Kirche und Direktor des Prediger-Seminars in Finkenwalde. Als Gegner der nationalsozialistischen Terrorherrschaft suchte er nach Wegen, den Zweiten Weltkrieg zu beenden. Für dieses Engagement wurde Bonhoeffer verhaftet und nach einem anderthalbjährigen Gefängnisaufenthalt kurz vor Kriegsende am 9. April 1945 im KZ Flossenbürg hingerichtet). Anschließend leitet er auf das Lebenspuzzle über. Im Hintergrund läuft meditative Musik. Jeder Teilnehmer erstellt ein Bild vom eigenen Lebensweg. Es kommt nicht auf die künstlerische Virtuosität an, sondern darauf, mit Symbolen wichtige Stationen des Lebens zu markieren. Die Jugendlichen sollten darauf hingewiesen werden, dass dieser erste Schritt in einer ruhigen Atmosphäre stattfinden soll, in der sich alle ganz auf ihren eigenen Lebensweg konzentrieren. Die Bilder der anderen dürfen nicht gewertet werden. Wenn die Bilder fertiggestellt sind, sollen die Jugendlichen das eigene Bild in ein Puzzle mit höchstens 20 Teilen zerschneiden.

Das Lebenspuzzle

Nun werden alle Puzzles auf den Tisch gelegt und mit nummerierten Zetteln versehen. Die Jugendlichen ziehen daraufhin vorbereitete, ebenfalls nummerierte „Lose“. Die Zahl auf dem Los zeigt an, wer welches Puzzle zusammenlegen soll. Wenn alle Puzzles so ausgelost und verteilt sind, setzen die Jugendlichen jeweils ein Lebenspuzzle zusammen.

Lebensstationen

Sobald alle Puzzles zusammengesetzt sind, werden sie in der Gesamtgruppe vorgestellt. Bewährt hat sich dabei folgendes Vorgehen: Ein Puzzle wird gemeinsam betrachtet. Der Jugendliche, der das Puzzle zusammengesetzt hat, darf nacheinander fünf Fragen zum Lebenspuzzle stellen, die dann vom jeweiligen Zeichner beantwortet werden. Die anderen Jugendlichen können bis zu drei Zusatzfragen stellen. Natürlich müssen nicht alle Fragen beantwortet werden. Sinnvoll ist es, wenn der Katechet zu Beginn dieser Phase darauf hinweist, dass jeder das Recht hat, die Antwort auf eine Frage zu verweigern, wenn sie ihm unangenehm oder zu persönlich ist.

Das Kreuz des Lebens

Im nächsten Schritt werden alle Puzzleteile auf dem Plakatkarton zu einem Kreuz gelegt. Die Jugendlichen sollen selbst entscheiden, ob sie die Kreuzform als Collage aus den zusammengesetzten Lebenswegen gestalten oder alle Puzzleteile miteinander vermischen und anschließend zu einem bunten Kreuz zusammenkleben. Der Katechet sollte in dieser Einheit darauf hinweisen, dass das Kreuz Symbol des christlichen Glaubens ist. Jeder Christ ist ein wichtiger Teil der Kirche als Glaubensgemeinschaft. Erst wenn sich alle einbringen, wird der Glaube farbig. Wenn es möglich ist, sollte dieses „Kreuz des Lebens“ anschließend in der Kirche aufgehängt werden. So wird deutlich, dass die Firmgruppe ein Teil der Gemeinde ist, in die sie hineinwächst. Auch die Gemeinde sollte auf die „Lebenskreuze“ aufmerksam gemacht werden. So wird ihr bewusst, dass auch sie sich für die Jugendlichen und ihr Leben öffnen muss.

Einsam bist du klein

Das Lied „Einsam bist du klein“ nimmt den zuvor erarbeiteten Gemeinschaftsaspekt auf und rundet die Einheit ab. Oft wird es jedoch schwierig sein, die Jugendlichen zum Singen zu motivieren. Dann kann ein anderer Abschluss gewählt werden: Der Katechet bittet die Jugendlichen, sich nochmals ihr Lebenspuzzle zu vergegenwärtigen. Anschließend soll jeder sagen, welches Puzzlesteinchen ihm in seinem Leben (welche Eigenschaft, welcher Charakterzug) so wichtig ist, dass er es gerne in die Firmgruppe oder in das Gemeindeleben einbringen möchte.

Wegstrecke: Mein Lebenspuzzle

Wer bin ich?

Wer bin ich?
Sie sagen mir oft,
ich träte aus meiner Zelle gelassen
gelassen und heiter und fest
wie ein Gutsherr aus seinem Schloss.

Wer bin ich?
Sie sagen mir oft,
ich spräche mit meinen Bewachern
frei und freundlich und klar,
als hätte ich zu gebieten.

Wer bin ich?
Sie sagen mir auch,
ich trage die Tage des Unglücks
gleichmütig, lächelnd und stolz
wie einer, der siegen gewohnt ist.

Bin ich das wirklich, was andere von mir sagen?
Oder bin ich nur das, was ich selbst von mir weiß?
Unruhig, sehnsüchtig, krank, wie ein Vogel im Käfig,
ringend nach Lebensatem, als würge mir einer die Kehle,
hungernd nach Farben, nach Blumen, nach Vogelstimmen,
dürstend nach guten Worten, nach menschlicher Nähe,
zitternd vor Zorn über Willkür und kleinlichste Kränkung,
umgetrieben vom Warten auf große Dinge,
ohnmächtig bangend um Freunde in endloser Ferne,
müde und leer zum Beten, zum Denken, zum Schaffen,
matt und bereit, von allem Abschied zu nehmen?

Wer bin ich? Der oder jener?
Bin ich heute dieser und morgen ein andrer?
Bin ich beides zugleich? Vor Menschen ein Heuchler
und vor mir selbst ein verächtlich wehleidiger Schwächling?
Oder gleicht, was in mir noch ist, dem geschlagenen Heer,
das in Unordnung weicht vor schon gewonnenem Sieg?

Wer bin ich? Einsames Fragen treibt mir Spott.
Wer ich auch bin, Du kennst mich, Dein bin ich,
o Gott!

Dietrich Bonhoeffer

Einsam bist du klein

Kanon zu 5 Stimmen

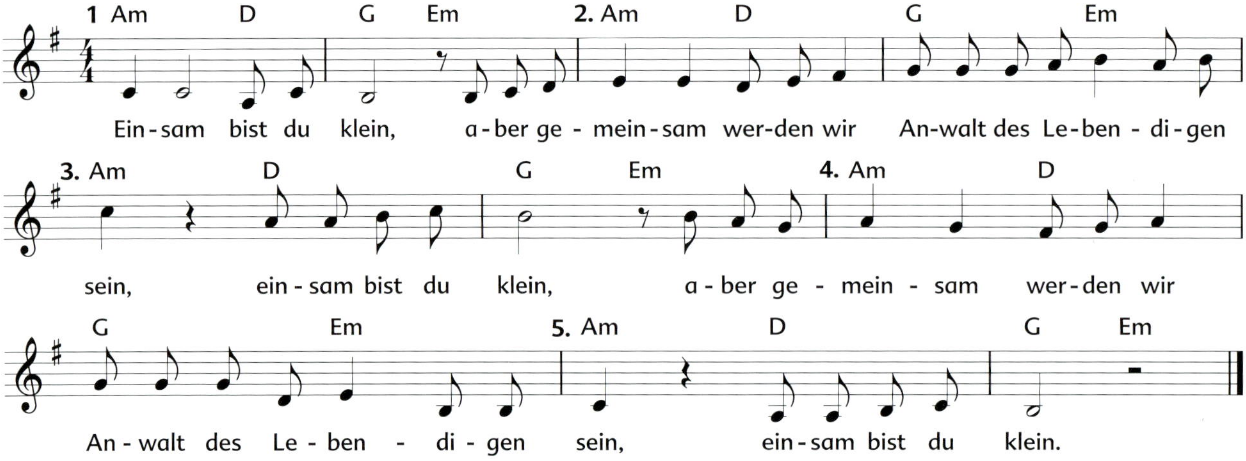

Text: Friedrich Karl Bart, Peter Horst Musik: Peter Janssens
aus: Ich liebe das Leben, 1981

Zur Musik
Das Lied unbedingt in dieser Tonart lassen, da der Tonumfang sehr groß ist. Den letzten Takt auszählen! Der Kanon hat keinen gemeinsamen Schluss, daher müssen die Stimmen nacheinander ausklingen. Langsam singen! Sich einfühlen in die Stimmung des Liedes: in den Gegensatz von „einsam" und „gemeinsam": leise beginnen, dann lauter werden, immer den Text „Einsam bist du klein" leise, zaghaft singen, und das Gemeinsam auch hörbar machen. Diese Dynamik zwischen Laut und Leise ergibt beim Kanon-Singen eine schöne Wellenbewegung.

Wegstrecke: Lebenslinien

Anlässe / Themen
- Kennenlernen in der Gruppe
- Gruppenfindung
- spätere Integration eines Neueinsteigers
- Einheit für ein Firmwochenende
- variables Element

bis zu 20 Personen

1 Stunde

- Spielfiguren
- Würfel

- Spielfeld
- Spielkarten

Charakter der Einheit
Spiel, Diskussion

Chancen
- Jugendliche lernen die anderen Gruppenmitglieder kennen.
- Jugendliche entwerfen ein Selbstkonzept.
- Sie erfahren, dass sie viele Eigenschaften mit anderen teilen.
- Sie erfahren, dass sie sich in einigen Charakterzügen von anderen unterscheiden.
- Sie lernen, dass sie mit ihren Charakterzügen akzeptiert werden.

Biblisch-theologischer Kontext
Der Mensch als Gottes Ebenbild (Gen 1,26a.27.31a).
Jeder hat seine eigenen Begabungen (1 Kor 12,1ff).

Mögliche Schwierigkeiten / weitere Hinweise
Der spielerische Charakter kann den Jugendlichen helfen, Details über die eigene Person zu verraten. Bewusst werden sie sowohl zu ihren Stärken als auch zu ihren Schwächen befragt. Wichtig ist, dass die Fragen zu ihren Stärken überwiegen. Dies sollte auch dann bedacht werden, wenn weitere Karten hinzugefügt werden. Denn zum einen soll das Spiel dazu beitragen, dass die Jugendlichen ihre Identität akzeptieren. Zum anderen wird es ihnen gerade zu Anfang des Gruppenprozesses leichter fallen, über eigene Stärken zu sprechen.

Verlauf der Einheit

Spielvorbereitung

Die Blätter mit den Spielkarten werden auf ein farbiges, stärkeres Papier (ideal ist ein 150 g-Papier) kopiert und ausgeschnitten. Der Spielplan wird vergrößert und anschließend auf Tonpapier (Format DIN A3) kopiert.

Spielregeln

Jeder Teilnehmer erhält eine Spielfigur. Sollten mehr Teilnehmer als verschiedenfarbige Spielfiguren zur Verfügung stehen, so müssen die Figuren durch einen aufgeklebten Farbpunkt zusätzlich individuell gekennzeichnet werden. Zu Beginn stehen alle Figuren auf dem Startfeld. Im Uhrzeigersinn wird gewürfelt. Die Spielfiguren werden analog zur gewürfelten Zahl vorgerückt. Ziel des Spiels ist es, möglichst schnell auf dem Zielfeld anzukommen.

Kommt eine Spielfigur auf ein mit einem Fingerabdruck markiertes Feld, so zieht der Spieler eine Fragekarte und liest sie laut vor. Wenn er sie anschließend beantwortet, darf er um so viele Felder vorrücken, wie auf der Karte angegeben ist. Verzichtet er auf die Beantwortung, so bleibt er auf seinem Feld stehen.

Kommt eine Spielfigur auf ein Feld mit Blitzzeichen, darf der Spieler einem Mitspieler seiner Wahl eine selbst formulierte Frage stellen. Beantwortet der Mitspieler die Frage, darf der befragte Mitspieler zwei Felder vorrücken. Wenn er sie jedoch nicht beantworten möchte, bleibt er auf seinem Feld stehen.

Wegstrecke: Lebenslinien

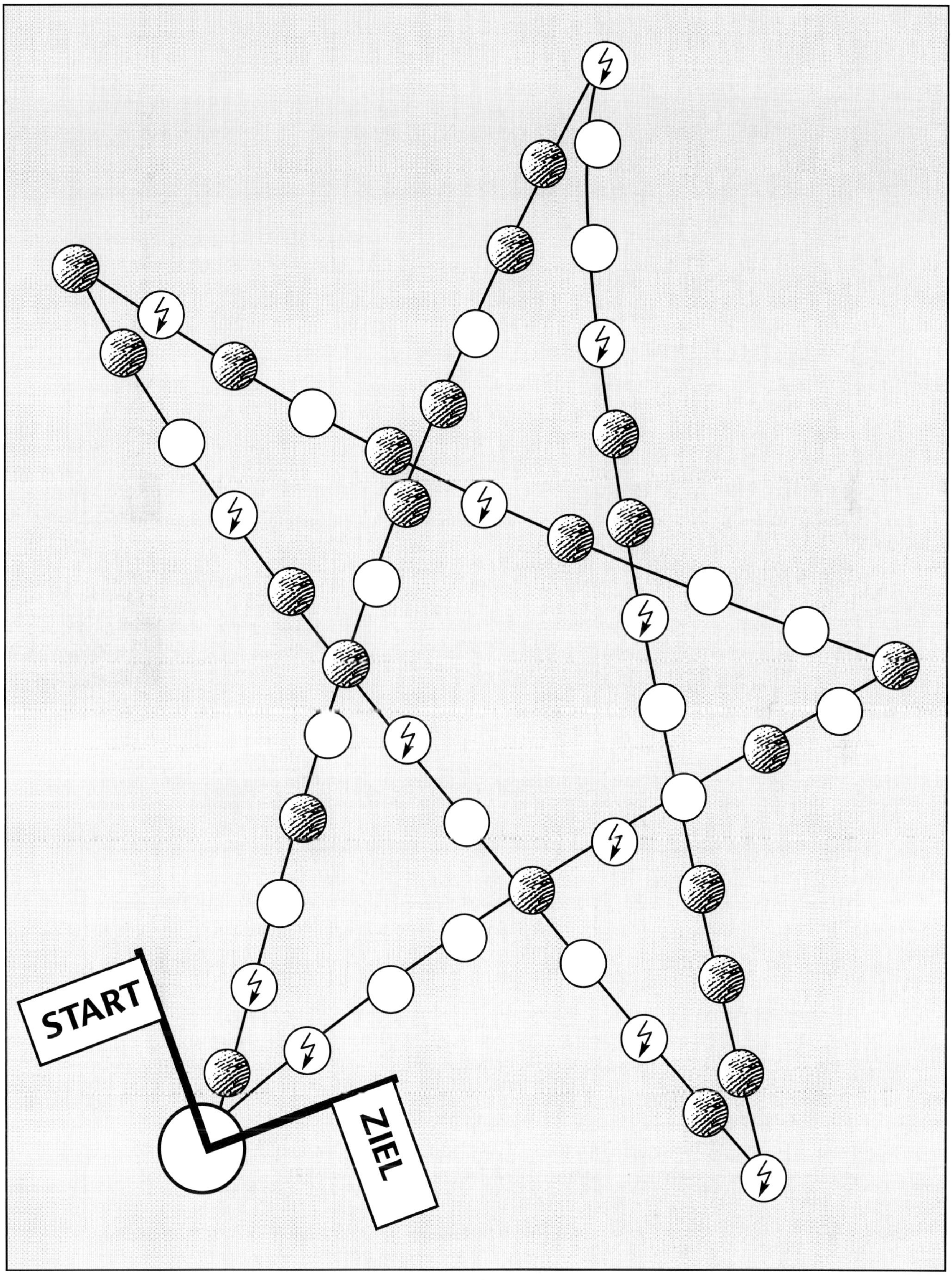

Wegstrecke: Lebenslinien

Welche Hobbys hast du? 1 Feld vorrücken	Wie viele Geschwister hast du? 1 Feld vorrücken	Gefällt dir dein Vorname? 1 Feld vorrücken
Gehst du gerne zur Schule? 2 Felder vorrücken	Was ist dein Lieblingsfach? 1 Feld vorrücken	Welchen Sportler oder welche Sportlerin findest du besonders gut? 1 Feld vorrücken
Welchen Sänger oder welche Sängerin findest du besonders gut? 1 Feld vorrücken	Was möchtest du später werden? 1 Feld vorrücken	Wie wichtig sind dir Klamotten? 1 Feld vorrücken
Woran hängst du besonders? 2 Felder vorrücken	In welchem Land möch-test du deinen Traumurlaub machen? 1 Feld vorrücken	Wie kommst du in der Schule zurecht? 2 Felder vorrücken
Fühlst du dich von deinen Eltern verstanden? 3 Felder vorrücken	Was stört dich an deinen Eltern? 3 Felder vorrücken	Worüber ärgern sich deine Eltern bei dir? 3 Felder vorrücken
Was kannst du besonders gut? 2 Felder vorrücken	Was würdest du gerne können? 2 Felder vorrücken	Nenne zwei Dinge, die dich an dir selbst stören! 2 Felder vorrücken
Was würdest du gerne in deinem Leben ändern? 3 Felder vorrücken	Was ist dein größter Wunsch? 2 Felder vorrücken	Stell dir vor, du begegnest einer Fee und hast drei Wünsche frei. Um was würdest du sie bitten? 1 Feld vorrücken
Welcher Mensch beeindruckt dich besonders? Warum? 1 Feld vorrücken	Was gefällt dir an deinem Aussehen? 3 Felder vorrücken	Was stört dich an deinem Aussehen? 3 Felder vorrücken

Wegstrecke: Lebenslinien

Weinst du manchmal? 3 Felder vorrücken	Bist du ein fröhlicher Mensch? 2 Felder vorrücken	Was macht dich besonders glücklich? 3 Felder vorrücken
Wann bist du traurig? 3 Felder vorrücken	Was macht dich richtig wütend? 3 Felder vorrücken	Wovor hast du Angst? 3 Felder vorrücken
Welches Erlebnis fandest du besonders schön? 2 Felder vorrücken	Welches Erlebnis war besonders schlimm für dich? 3 Felder vorrücken	Wie träumst du dir deine Zukunft? 2 Felder vorrücken
Glaubst du an Gott? 1 Feld vorrücken	Betest du manchmal? 2 Felder vorrücken	Gehst du gerne in den Gottesdienst? 2 Felder vorrücken
Was findest du an der Kirche gut? 2 Felder vorrücken	Was stört dich an der Kirche? 2 Felder vorrücken	Wie müsste ein Gottesdienst aussehen, damit er dir gefällt? 3 Felder vorrücken
Was kannst du tun, damit dir deine Gemeinde gefällt? 3 Felder vorrücken	Welche Gruppen kennst du in unserer Gemeinde? 1 Feld vorrücken	Warum willst du dich firmen lassen? 2 Felder vorrücken
Freust du dich auf die Firmvorbereitung? 1 Feld vorrücken	Kennst du Christen, deren Leben dich beeindruckt? 1 Feld vorrücken	

Wegstrecke: Magier des 21. Jahrhunderts

Anlässe / Themen
- Gruppenfindung
- Lebensgestaltung
- Auseinandersetzung mit der eigenen Identität

bis zu 10 Personen

2 Stunden

- Karton DIN A1
- Bunte Zettel
- Klebstoff
- Stifte

- kopierter Text „Magier des 21. Jahrhunderts"

Charakter der Einheit
Stille – Textarbeit – Gespräch

Chancen
- Jugendliche setzen sich mit Werten auseinander.
- Jugendliche werden sich bewusst, welche Werte ihr Leben bestimmen.
- Jugendliche lernen fremde Wertvorstellungen kennen und tolerieren.
- Jugendliche lernen, sich über ihre Lebensentwürfe auszutauschen.

Biblisch-theologischer Kontext
In den Versuchungserzählungen (z.B. Lk 4,1-13) setzen sich die Evangelien mit dem Spannungsverhältnis des Menschen auseinander, der sich an den irdischen Gütern orientiert und nach Macht, Geld und Anerkennung strebt. Eine bewusste Auseinandersetzung mit dem eigenen Wertekanon ist die Voraussetzung, um das eigene Leben in eine Balance zwischen den Werten und Pseudo-Werten zu bringen.

Mögliche Schwierigkeiten / weitere Hinweise
Für die Einheit ist es hilfreich, wenn sich die Gruppenmitglieder bereits kennen bzw. sich schon in anderen Einheiten dem Thema „Identität" genähert haben. Die Wahl der Magier sollte nicht vorschnell abgewertet werden, da sich in ihnen tiefe Sehnsüchte der Jugendlichen ausdrücken können.

Verlauf der Einheit

Begegnung mit den Magiern

Die Jugendlichen erhalten eine Kopie des Textes „Magier des 21. Jahrhunderts". Reihum stellt jeder nun einen der Magier vor, indem er die entsprechende Textpassage laut vorträgt. Wenn alle Magier genannt wurden, überlegen die Jugendlichen in einer Stillephase, welche Magier sie am meisten schätzen bzw. ablehnen. Sie tragen die von ihnen favorisierten bzw. verworfenen Magier in das Arbeitsblatt ein.

Präsentation

Die Jugendlichen stellen sich gegenseitig die von ihnen ausgewählten Magier vor und erläutern ihre Auswahl. Da es sich um persönliche und individuelle Entscheidungen handelt, sollten bei der Präsentation keine Wertungen erfolgen. Als Gesprächsimpuls können folgende Fragen dienen:

- Was verbindet die fünf Magier, die du am meisten schätzt?
- Was verbindet die fünf Magier, die du am wenigsten schätzt?
- Welche Lebensziele erreichst du mit Hilfe deiner Magier?
- Worin unterscheidet sich deine Magierwahl von der Wahl der anderen Gruppenmitglieder?

Wenn es keine Magier gibt?

Abschließend bilden die Jugendlichen Dreiergruppen. Der Katechet weist darauf hin, dass es in der Realität keine Magier gibt. Die Lebensgestaltung liegt vor allem in den Händen der Jugendlichen selbst. In den Kleingruppen sollen die Jugendlichen deshalb nun überlegen, was sie tun können, um auch ohne die von ihnen favorisierten fünf Magier ihre Lebensziele zu erreichen. Die Gruppenergebnisse werden anschließend ins Plenum getragen.
Abgerundet wird diese Einheit von einer Auswertungsrunde, die unter folgender Fragestellung geschieht:

- Was ist mir heute deutlich geworden?
- Was nehme ich für mich als wichtigsten Impuls mit?

Wegstrecke: Magier des 21. Jahrhunderts

Magier des 21. Jahrhunderts

Eine Gruppe von 15 Expertinnen und Experten, die über außergewöhnliche Fähigkeiten verfügen, hat sich bereit erklärt, Jugendlichen bei der Gestaltung ihres Lebens zu helfen. Mit ihren übernatürlichen Fähigkeiten helfen sie auch in außergewöhnlichen Fällen. Wähle zunächst fünf Magier aus, deren Hilfe dir persönlich am wichtigsten ist. Nenne anschließend die fünf Magier, auf deren Hilfe du am wenigsten wert legst.

1. Prof. Beauty – Spezialistin für Schönheit und gutes Aussehen

Durch eine schmerzfreie Operation kann sie dir jedes beliebige Aussehen geben. Dein Körper sieht künftig so aus, wie du es dir selber wünschst. Narben, Pickel, Kurzsichtigkeit und Figur sind nie wieder ein Problem für dich.

2. Dr. h. c. B. Ruf – Expertin für Beruf und Job

Sie verschafft dir jeden gewünschten Ausbildungs- oder Studienplatz. Dazu erhältst du eine Garantie, in dem von dir gewählten Beruf nie arbeitslos zu werden.

3. Scheich Methu-Salem – Spezialist für angenehmes Altern

Durch seine Hilfe erreichst du mühelos ein hohes Alter. Und was noch besser ist: Dein Körper bleibt fit und deine Gesundheit tadellos. Schmerzen und Krankheit im Alter oder ein Dahinsiechen im Altersheim wirst du nie kennen lernen.

4. Prof. Superbrain – Expertin für überdurchschnittliche Intelligenz

Sie trainiert deine Intelligenz. Lernen macht dir überhaupt keine Mühe mehr. Du hast einen hohen Intelligenzquotienten und kapierst immer sofort, um was es geht.

5. Sex-Hexy und Don Juan – Fachleute für Sexualität

Sie garantieren, dass du ein Mensch wirst, der sich auf sexuellen Gebieten gut auskennt und hier nie Schwierigkeiten haben wird. Du kannst ganz nach Belieben Sex genießen und auch andere damit glücklich machen.

6. Dr. Tai-Gin-Seng – fernöstlicher Experte für Vitalität

Sein Angebot: Hervorragende Gesundheit und Immunität gegen jede Art von Krankheit oder Seuche. Weder Cholera, BSE oder Aids sind für dich eine Gefahr. Und nach Unfällen bist du nach kürzester Zeit wieder fit.

7. Dipl. Päd. Luise Liberty – erfahrene Freiheitskämpferin

Sie garantiert dir lebenslange Freiheit. Es gibt für dich, deine Familie und deine Freunde keinerlei Unterdrückung oder Unfreiheit. Selbst mächtige Politikerinnen und Politiker, die Polizei, Behörden oder Gesetze können dich nicht einengen.

8. Lucky Friend – Experte für Freundschaft

Bei ihm lernst du, wie man Freundinnen und Freunde findet und auch behält. Er zeigt dir, wie Freundschaften gelingen, so dass du ein Leben lang immer gute Freundinnen und Freunde haben wirst und nie allein bist.

9. Michael Mighty – ein Könner auf dem Gebiet der Verteidigung

Nach einer Begegnung mit ihm beherrschst du die Kunst, dich in jeder Situation perfekt zu verteidigen. Ob im dunklen Wald, im Parkhaus oder in der schmierigen Kneipe – niemand wird dir jemals Gewalt antun oder dich demütigen. Du bleibst Sieger, ohne die anderen verletzen zu müssen. Angst vor Gewalt kannst du künftig vergessen.

10. Bert-Dago Duck – das As der Finanzwelt

Er verschafft dir ein hohes Einkommen und alles Wissen über Geldanlagen und Börsenbewegungen. Mit ihm an deiner Seite gibt es eines für dich nie mehr wieder: Geldsorgen.

11. Zuzu Nai Gung – Spezialistin für liebevolle Beziehungen

Sie hilft dir, die Liebe derjenigen zu gewinnen, die dir wichtig sind. Dein Leben wird von Liebe und Zärtlichkeit erfüllt sein.

12. Prof. Dr. O. Rakel – Experte für Zukunfsfragen

Du erlernst die Kunst, ein klein wenig in die Zukunft zu schauen. Außerdem beantwortet der Magier dir gerne Fragen zu deiner eigenen Zukunft und erteilt dir Ratschläge, wie du schlimme Schicksalsschläge vermeiden kannst.

13. Dr. Anna Lytika – Spezialistin fürs Seelenwesen

Sie hilft dir, dich selbst ausgezeichnet kennen zu lernen. Das gibt dir ein hohes Maß an Selbsterkenntnis und Selbstvertrauen. Du weißt genau, wer du bist und was du kannst.

Wegstrecke: Magier des 21. Jahrhunderts

14. Mutter Manitu – indianische Naturexpertin
Sie öffnet dir die Augen und Ohren für die ganze Schöpfung. Du lernst die Sprache der Tiere und der Pflanzen und kannst anschließend mit ihnen in Kontakt treten. Du lebst in völligem Frieden mit der gesamten Schöpfung.

15. Telly Pathikus – Expertin für übersinnliche Fähigkeiten
Du lernst bei ihr, die Kräfte deines Geistes zu entfalten. Nur durch deine Willenskraft kannst du mit anderen auf telepatischem Weg in Kontakt treten, die Gedanken anderer teilweise lesen und manche Krankheit heilen.

Notiere hier die fünf Magier, die du am meisten schätzt!

1. ....
2. ....
3. ....
4. ....
5. ....

Notiere hier die fünf Magier, die du am wenigsten schätzt!

1. ....
2. ....
3. ....
4. ....
5. ....

Wegstrecke: Das ist mein Leben

Anlässe / Themen

- Gruppenfindung
- spätere Integration eines Neueinsteigers
- Kennenlernen der anderen Gruppenmitglieder
- Werte und Einstellungen

bis zu 16 Personen

2 Stunden

- zwei Plakate DIN A3
- Kreppband

- Kopien „Fragebogen“
- Arbeitsblatt „Ganz Deiner Meinung?“

Charakter der Einheit
Spiel – Aktion – Stille – Diskussion

Chancen

- Jugendliche reflektieren das eigene Leben.
- Jugendliche erfahren etwas über das Leben der anderen.
- Jugendliche lernen, sich im Gespräch zu öffnen und anderen zuzuhören.
- Jugendliche können sich Aussagen zuordnen, statt selbst „ich“-Aussagen zu formulieren.

Biblisch-theologischer Kontext
Im Verlauf seines Lebens durchläuft der Mensch unterschiedliche Phasen, die auch sein Glaubensleben prägen.

Mögliche Schwierigkeiten / weitere Hinweise
Beim „prominenten Meinungsbarometer“ zu Beginn der Einheit beziehen die Jugendlichen Stellung für oder gegen Aussagen. Gerade sprachlich weniger Begabten fällt dies leichter, als eigene „ich“-Aussagen zu treffen. Der Katechet sollte darauf achten, dass diese Phase nicht zu turbulent verläuft. Sonst könnte es schwierig werden, in der folgenden Phase eine angemessene Arbeitsatmosphäre zu finden.

Verlauf der Einheit

Prominentes Meinungsbarometer

Viel Platz benötigt das Meinungsbarometer. Der Raum wird mit dem Kreppband in zwei gleich große Hälften geteilt. An die eine Stirnseite des Raumes wird ein Plakat aufgehängt mit der Aufschrift „Ja!", auf der gegenüberliegenden Stirnseite ein Plakat mit der Aufschrift „Nein!" Nun verteilen sich die Jugendlichen gleichmäßig im Raum. Der Katechet liest anschließend Aussagen bekannter Persönlichkeiten „Ganz Deiner Meinung?" vor. Die Jugendlichen überlegen bei jedem Statement, ob sie der Aussage zustimmen oder ob sie das Gesagte ablehnen. Sie suchen sich einen Platz im Raum, der ihren Standpunkt ausdrücken kann: Wer der Aussage völlig zustimmt, geht zum Plakat „Ja", wer ganz anderer Meinung ist, stellt sich zum Plakat „Nein". Jugendliche, die ihre unentschiedene Haltung ausdrücken möchten, stellen sich auf die Kreppband-Linie in der Mitte des Raumes. Natürlich stehen nicht nur diese klar markierten Zuordnungen im Raum zur Verfügung. Die Jugendlichen können bei den Fragen auch sämtliche Zwischenpositionen einnehmen.

Ja - völlige Zustimmung,

unentschieden

Nein - völlige Ablehnung

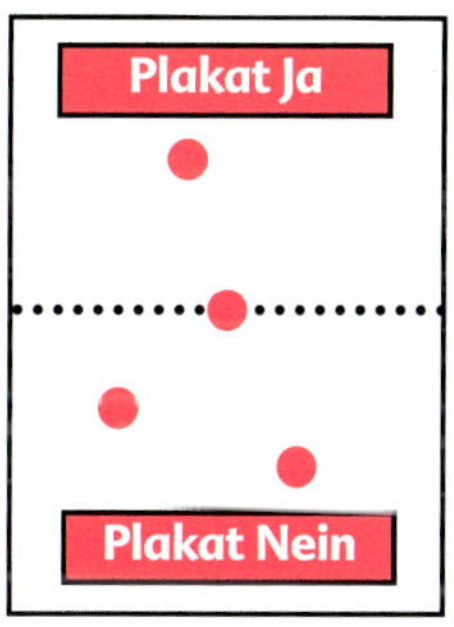

Wenn alle Jugendlichen einen Standpunkt gefunden haben, kann der Katechet einzelne Jugendliche befragen. Mögliche Impulsfragen:

- Warum hast du diesen Standpunkt gewählt?
- Fühlst du dich mit deinem Standpunkt wohl?
- War dir sofort klar, was du von dem Statement hältst?

Das ist mein Leben

Die Jugendlichen finden sich paarweise zusammen. Sie erhalten jeweils das Arbeitsblatt „Fragebogen" und füllen es aus. Anhand des Bogens stellen sie sich ihrem Partner vor. Um die Hemmschwelle möglichst niedrig zu halten, geschieht dies zunächst in einem Zweier-Gespräch. Den meisten Jugendlichen fällt es in der Regel leichter, sich einer Person zu öffnen und nicht der ganzen Gruppe. Für dieses Gespräch sollte genügend Zeit vorgesehen werden. Sinnvoll ist es, dass sich die Jugendlichen für dieses Zweier-Gespräch auf verschiedene Räume verteilen. So können sie sich ungestört austauschen. Häufig werden die Jugendlichen bei diesem Gespräch das Raster des Fragebogens verlassen und frei von sich selbst erzählen. Dies ist erwünscht und intensiviert die Kennenlernphase.

Präsentation

Anschließend kommen die Jugendlichen wieder in der Gesamtgruppe zusammen und hängen alle ausgefüllten Fragebögen gut sichtbar an die Wand. Reihum stellen die Jugendlichen nun ihren Partner vor, mit dem sie sich im zweiten Schritt ausgetauscht haben. Dadurch erfahren sie, dass es wichtig ist, dem Gesprächspartner aufmerksam zuzuhören. Außerdem fällt es vielen Jugendlichen leichter, vor einer größeren Gruppe nicht über sich selbst, sondern über einen Dritten zu sprechen. Möglich ist es, diese Präsentationsphase als „Talkshow" zu gestalten. Der Katechet oder ein sprachbegabter Jugendlicher ist Moderator und bereitet eine Sitzecke für die Talkshow und Sitzplätze für die „Zuschauer" vor. Nachdem alle im Zuschauerbereich einen Platz gefunden haben, ruft der Moderator anschließend seine Talkgäste paarweise zu sich in die Sitzecke und leitet möglichst virtuos und locker über zur Präsentation der einzelnen Fragebögen.

Wegstrecke: Das ist mein Leben

Ganz Deiner Meinung?

Wir sind niemals am Ziel, sondern immer auf dem Weg.
Vincenz von Paul

Man muss zeitlebens die Welt mit Kinderaugen betrachten.
Henri Matisse

Wir sind die Leute, vor denen uns unsere Eltern immer gewarnt haben.
Graffito

Viele leistungsstarke Menschen sind innerlich passiv, weil sie gar nicht mehr über den Sinn des Lebens nachdenken.
Gerda Jun

In dieser Welt muss alles hart erarbeitet werden. Die Jungen sollen das lernen, sonst sind ihre Proteste Makulatur.
Gerd Bucerius

Die Liebe ist das Gewürz des Lebens: Sie kann versüßen, aber auch versalzen.
Konfuzius

Die Liebe ist nichts anderes als ein Kampf, in dem beide gewinnen.
Madonna

Heimat sind die Menschen, die wir verstehen und die uns verstehen.
Max Frisch

Einen Menschen lieben heißt, ihn so zu sehen, wie Gott ihn gemeint hat.
Fjodor Dostojewski

Liebe ist, wenn man die Fehler des Partners ohne Verbesserungsvorschläge akzeptiert.
Paul Watzlawick

Die Gerechtigkeit ist das Recht des Schwächeren.
Joseph Joubert

Es wird der Gesellschaft nicht möglich sein, die wenigen Reichen zu retten, wenn sie nicht in der Lage ist, den vielen Armen zu helfen.
John F. Kennedy

Es ist einfach falsch, sich unter Glückseligkeit die Erfüllung aller Träume vorzustellen.
Leo Tolstoi

Das Glück wohnt in uns, es fliegt nicht um uns herum.
Russisches Sprichwort

Willst du glücklich werden, dann steigere nicht den Besitz, sondern mindere die Wünsche.
Seneca

Nur durch das Todesbewusstsein erfahren wir das Leben als das, was es ist.
Max Frisch

Der Tod ist kein Unglück für den, der stirbt, sondern für den, der überlebt.
Karl Marx

Probleme sind Gelegenheiten, zu zeigen, was man kann.
Duke Ellington

Der Tod ist die uns zugewandte Seite jenes Ganzen, dessen andere Seite Auferstehung heißt.
Romano Guardini

In jedem Menschen kann mir Gott erscheinen.
Novalis

Die längste Reise ist die Reise nach innen.
Dag Hammarskjöld

Wenn der Mensch betet, so atmet Gott in ihm.
Friedrich Hebel

Wegstrecke: Das ist mein Leben

Fragebogen:

?	stimmt genau	stimmt	weiß nicht	stimmt so nicht	stimmt ganz und gar nicht
Ich gehe gern zur Schule.					
Ich höre viel Musik.					
Sport macht mir Spaß.					
Gute Klamotten sind mir wichtig.					
Am Wochenende bin ich oft unterwegs.					
Meine Eltern verstehen mich.					
Ich habe gute Freunde.					
Ich wünsche mir eine(n) Partner(in).					
Ich glaube an Gott.					
Ich komme freiwillig zur Firmvorbereitung.					
Ich weiß, worum es bei der Firmung geht.					
Ich gehe gerne in die Kirche.					
Ich fühle mich in der Gemeinde wohl.					
Ich traue mich, anderen von mir zu erzählen.					

Wegstrecke: Wenn ich nur noch einen Tag zu leben hätte

Anlässe / Themen

- Gruppenfindung
- Auseinandersetzung mit Sinnfrage
- Leben nach dem Tod
- Werte

bis zu 15 Personen

1 Stunde

- „Wenn ich nur noch einen Tag zu leben hätte" (auf der CD „Menschen-Leben-Träume")
- CD-Player
- Plakat
- Textblatt
- Stifte

- kopierter Liedtext „Wenn ich nur noch einen Tag zu leben hätte"

Charakter der Einheit

Musik – Diskussion – Kreativität

Chancen

- Jugendliche reflektieren, was ihnen in ihrem Leben wichtig ist.
- Jugendliche setzen sich mit der Sinnfrage auseinander.
- Jugendliche erkennen religiöse Inhalte in der Popmusik.

Biblisch-theologischer Kontext

Welche Werte und Lebensinhalte sind angesichts der Endlichkeit des Lebens wirklich wichtig? Die Bibel wendet sich klar gegen einen Lebensstil, der auf Kosten anderer Menschen geht (vgl. z.B. Lk 12,13-21).
Im biblischen Sinn kann jeder Augenblick im Leben zum erfüllten Leben führen.
Wachsam sein für das Kommen Gottes ist wesentliche Bedingung für Glück und Erfüllung (Mt 24,42).

Mögliche Schwierigkeiten / weitere Hinweise

Mit ihrem Titel „Wenn ich nur noch einen Tag zu leben hätte" tauchte die bis dahin unbekannte Gruppe „Basis" in den Hitparaden auf. Ihr Rap (spätestens seit den Erfolgen der „Fantastischen Vier" bei Jugendlichen angesagt) ist musikalisch konventionell und klar strukturiert. Auf die im Lied aufgeworfene Hypothese „Wenn ich nur noch einen Tag zu leben hätte" gibt das Lied recht profane Antworten („Tüte bauen" - Hasch rauchen, „Freund flachlegen" - Geschlechtsverkehr etc.). Dennoch ermöglicht das Lied einen ungezwungenen Einstieg in die Frage nach dem Sinn des Lebens.

Verlauf der Einheit

Wenn ich nur noch einen Tag zu leben hätte

Die Jugendlichen hören das Lied „Wenn ich nur noch einen Tag zu leben hätte". Anschließend erhalten sie das Textblatt, bevor das Lied ein zweites Mal vorgespielt wird. Beim Zuhören sollen die Jugendlichen auf dem Textblatt die Aussagen mit einem Ausrufezeichen versehen, die sie am ehesten teilen würden. Mit einem Fragezeichen kennzeichnen sie, was sie gar nicht nachvollziehen können.

Eigene Antworten formulieren

Ein Plakat wird in die Mitte gelegt. Es trägt die Aufschrift „Wenn ich nur noch einen Tag zu leben hätte". Die Jugendlichen schreiben nun ihre eigenen Antworten auf das Plakat. Es können so banale Vorhaben benannt werden wie im Lied der Gruppe Basis. Der Katechet sollte die Jugendlichen jedoch auch dazu ermutigen, tiefsinnigere Antwortversuche zu geben. Während dieser Phase sollte möglichst nicht gesprochen werden. Verboten sind in jedem Fall wertende Kommentare zu den schriftlichen Äußerungen der anderen. Nachdem die Jugendlichen ihre Antworten niedergeschrieben haben, werden sie nochmals laut vorgelesen. Wertungen sind auch dabei nicht gestattet. Erlaubt sind aber Rückfragen zu den Äußerungen der anderen Jugendlichen.

Nachdem alle Antworten vorgetragen wurden, lenkt der Katechet die Aufmerksamkeit der Jugendlichen auf die letzte Textzeile des Lieds: „Warum leb ich dann nicht immer so?" Er erinnert an das lateinische „Carpe diem" (Nutze den Tag) oder an die Umkehrrufe der Bibel (Mt 3,2). In der folgenden Diskussion sollen die Jugendlichen der Frage nachgehen, was sie an einem sinnvollen Leben hindert.

Der Rap des Lebens

Nun bilden die Jugendlichen zunächst Kleingruppen (zwei oder drei Personen) und schreiben eine eigene Textstrophe. Dabei orientieren sie sich am eingängigen Rhythmus des Liedes. Anschließend setzen sich alle wieder zusammen, und nun tragen die Jugendlichen ihre gerade getextete Strophe den anderen als Sprechgesang vor - im Bereich des Hip-Hop eine durchaus übliche Präsentationsform. Um die nun entstandenen Textversionen der einzelnen Kleingruppen miteinander zu verbinden, können die Jugendlichen zwischen zwei Strophen jeweils den Refrain - ebenfalls im Sprechgesang - einfügen.

Wegstrecke: Wenn ich nur noch einen Tag zu leben hätte

Wenn ich nur noch einen Tag zu leben hätte

Hey, was'n mit dir los?
Ich weiß nicht, was das soll
Was mein krankes Hirn ausspucken kann
Was wär, wenn ich nur noch einen Tag hätte, was wär dann?
Am letzten Tag würd' ich mit Sicherheit nicht zur Schule gehen
Warum mich ärgern lassen
Von Lehrern, die mich nicht verstehen
Statt dessen will ich meinen Ex-Freund nicht vergessen
Wir haben noch 'ne Rechnung offen
Ich werd' ihn richtig stressen
Ich würd' mit meinen Jungs eine kleine Tüte baun
Es gäbe keinen Grund, die letzten Stunden zu versaun
Verhaun ham' wir oft genug den Typ, den alle fertig machen
Ich würd' ihn einladen und nicht über, sondern mit ihm lachen

Wenn ich nur noch ein
Wenn ich nur noch einen Tag
Wenn ich nur noch ein
Wenn ich nur noch einen Tag
Zu leben hätte, ah, ah
Was würd' ich tun, was würd' ich tun?
Was dann, was dann?

Ich würd' gern mit Michael J. um ein paar Körbe spielen
Und um mein letztes Taschengeld mit meiner Mutter dealen
Ich würd' noch einmal Klamotten kaufen gehen
Damit lass ich mich dann auf meiner letzten Party sehen
Den letzten Tag will ich mit meinem Freund verbringen
Ich leg ihn flach
Es mag komisch klingen
Aber außerdem würd' ich gern mit Ex-Schwester S auftreten
Am liebsten gleichzeitig in allen Städten

Was dann, was ist denn schon'n Tag?
Ich würd'ne Party geben und feiern bis zum Schluss
Will nochmal fett abgehn bevor ich weggehn muss
Doch was für'n Stuss
Das alles macht mich froh
Warum leb' ich dann nicht immer so, immer so?
Was würd' ich tun, was würd' ich tun?

Was ist denn schon'n Tag?
Warum leb ich dann nicht immer so?

Basis

Wegstrecke: Mein Lebenskuchen

Anlässe / Themen
- Gruppenfindung
- Identitätsfindung
- Werte
- Sinn des Lebens

bis zu 15 Personen

1 Stunde

- 2 Plakate DIN A3
- Stifte, Papier

- Text „Ein zweites Mal“
- Arbeitsblatt „Was mir im Leben schmeckt“
- Arbeitsblatt „Was mir im Leben nicht schmeckt“

Charakter der Einheit
Reflexion – Gespräch

Chancen
- Jugendliche reflektieren das eigene Leben.
- Jugendliche werden sich bewusst, wie sie sich ihr Leben wünschen und welche Träume sie haben.
- Jugendliche erfahren etwas über das Leben der anderen.
- Jugendliche lernen, sich im Gespräch zu öffnen.

Biblisch-theologischer Kontext
Alles hat seine Zeit (Koh 3,1ff). Carpe Diem – Nicht im Sinne von Genusssucht, sondern als Fähigkeit, jeden Augenblick des Lebens zu spüren und zu erleben.

Mögliche Schwierigkeiten / weitere Hinweise
Einigen Jugendlichen wird es schwer fallen, sich frei in der Gruppe zu ihrem eigenen Leben zu äußern. Möglich ist dann folgende Alternative: Die Jugendlichen präsentieren nicht ihren eigenen „Lebenskuchen“. Statt dessen werden nach dem Gestalten der Lebenskuchen alle ausgefüllten Arbeitsblätter eingesammelt und anonym in die Mitte gelegt. Im gemeinsamen Gespräch werden nun die verschiedenen Lebenskuchen ausgewertet.

Verlauf der Einheit

Die Farbe des Lebens

Der Katechet hat die Figuren auf dem Arbeitsblatt mit dem Kopierer auf zwei verschiedenfarbige Plakate im Format DIN A3 kopiert. Auf dem helleren Blatt steht „Was mir im Leben schmeckt", auf das dunklere Blatt ist die Überschrift „Was mir im Leben nicht schmeckt" geschrieben. Diese beiden Blätter werden gut sichtbar an eine Wand gehängt. Zu Beginn der Einheit überlegen die Jugendlichen miteinander, was alles zu ihrem Alltag gehört: Schule/Lehre, Essen, Schlafen, Fernsehen, Musik hören, mit Freunden etwas unternehmen, Eltern, Sport, Partner/in, Urlaub ... Sie notieren die Lebensbereiche, die ihnen zusagen, auf dem helleren Plakat, während sie die weniger beliebten Lebensbereiche auf das dunklere Plakat schreiben.

Die Lebensstruktur

Anschließend nehmen die Jugendlichen ein Blatt Papier, auf dem sie einen Kreis einzeichnen, der ihr gesamtes Leben symbolisiert. Dann überlegen sie, welche Lebensbereiche bei ihnen wie viel Zeit in Anspruch nehmen, und gestalten aus dem Kreis ein Tortendiagramm: Sie unterteilen den Kreis und tragen ein, wie sie sich ihren „Lebenskuchen" gestalten. Nachdem alle ihr Leben so dargestellt haben, stellen sie die Aufteilung der Gruppe vor und vergleichen die verschiedenen Lebenskuchen miteinander.

So will ich leben

Die Jugendlichen malen einen zweiten Kreis. Diesmal sollen sie darin nicht ihren tatsächlichen Lebenskuchen eintragen, sondern einen Wunsch-Lebenskuchen zeichnen. Sie überlegen, wie sie die Bereiche ihres Lebens am liebsten gewichten würden. Die Jugendlichen legen anschließend die beiden von ihnen gezeichneten Lebenskuchen nebeneinander und stellen der Gruppe vor, wie ihr Wunsch-Leben im Vergleich zu ihrem tatsächlichen Leben aussieht.

Möglich ist, dass die Diskrepanz zwischen beiden Kuchen dazu führt, dass Jugendliche ihr eigenes Leben negativ bewerten und zu dem Schluss kommen, dass sie mit ihrem Leben nicht zufrieden sind. In diesem Fall sollte der Firmkatechet das Gespräch auf die Frage lenken, was die Jugendlichen tun können, um ihren realen Lebenskuchen ihrem Wunsch-Kuchen etwas mehr anzugleichen. Die Diskrepanz zwischen beiden Verteilungen kann natürlich auch daran liegen, dass der Wunsch-Kuchen zu unrealistisch entworfen wurde.

Ein zweites Mal

Zum Abschluss liest der Katechet den Text „Ein zweites Mal" von Gertrude Wilkinson vor. Alternativ könnte auch der Text „Wenn ich nur noch einen Tag zu leben hätte" (Seite 30) vorgelesen bzw. das Lied vorgespielt werden.

Wegstrecke: Mein Lebenskuchen

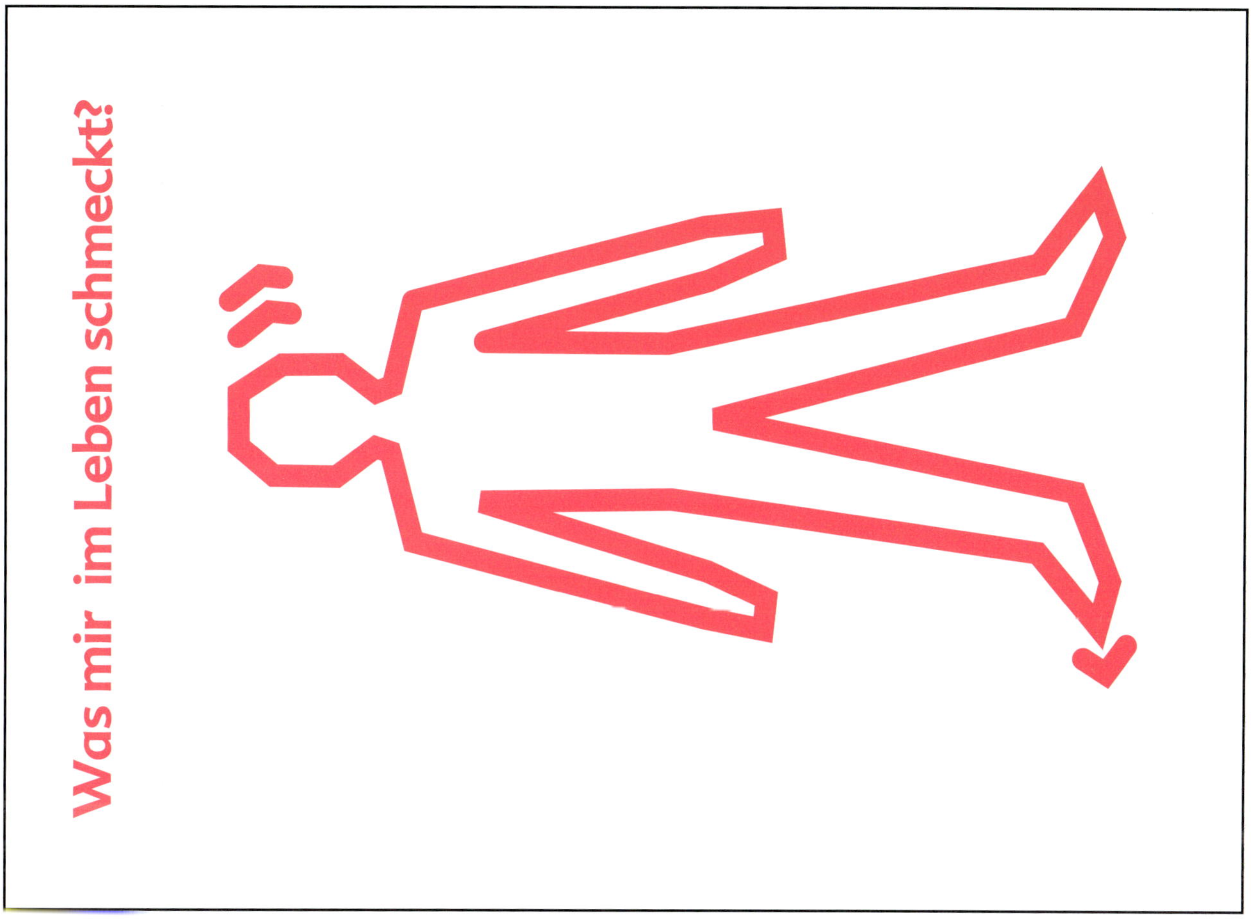

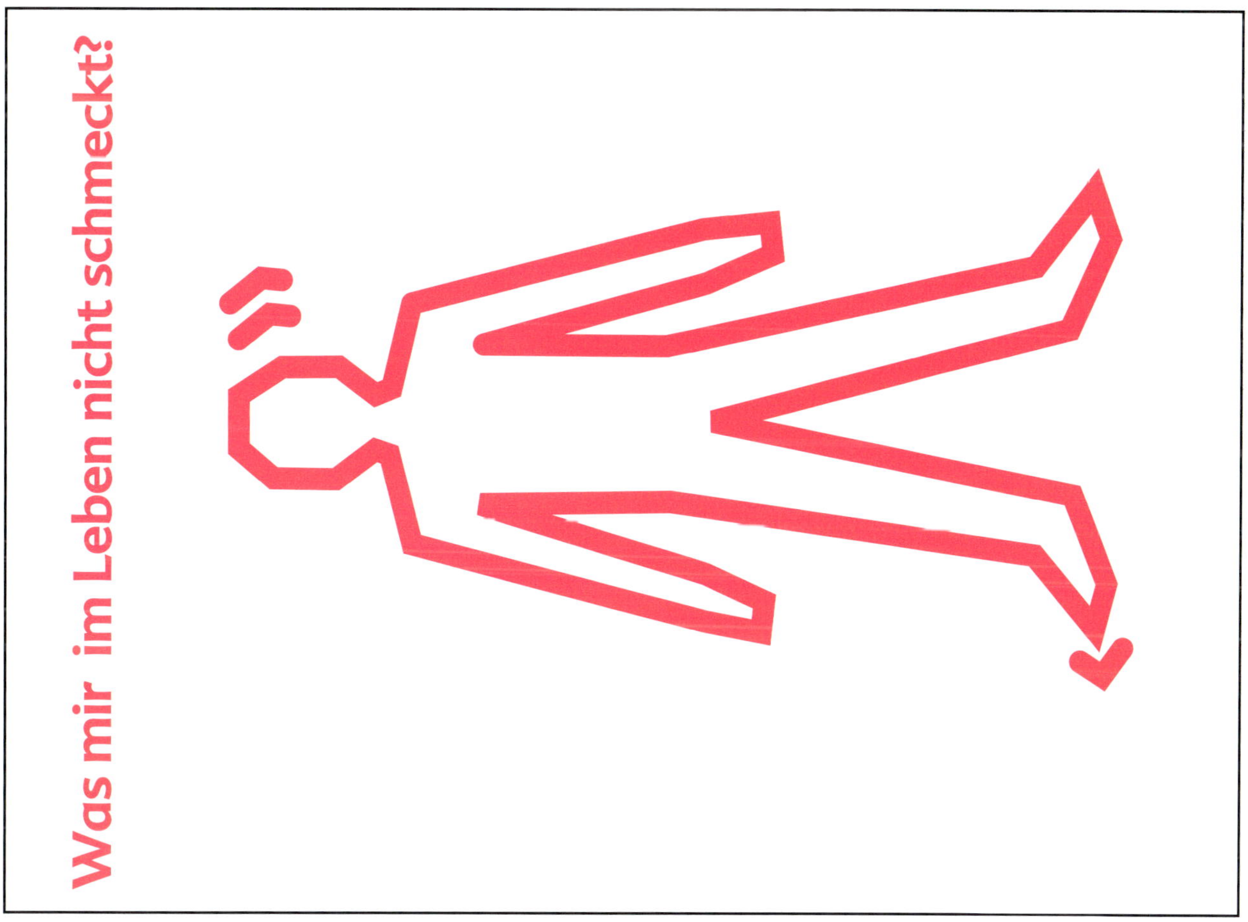

Wegstrecke: Mein Lebenskuchen

Ein zweites Mal

Könnte ich mein Leben noch einmal von vorn beginnen,
würde ich versuchen, mehr Fehler zu machen.
Ich würde alberner sein, würde ganz locker werden,
nur noch ganz wenige Dinge ernst nehmen.
Ich würde entschieden verrückter sein und weniger reinlich.
Ich würde mehr Gelegenheiten beim Schopfe ergreifen
und öfters auf Reisen gehen.
Ich würde mehr Berge ersteigen,
mehr Flüsse durchschwimmen und
mehr Sonnenaufgänge auf mich wirken lassen.
Ich würde mehr Schuhsohlen durchlaufen,
mehr Eis und weniger Bohnen essen.
Ich würde mehr echte Probleme
und weniger eingebildete Nöte haben.
Wie Sie bemerkt haben werden,
bin ich eine von denen, die
vorsorglich, vernünftig und gesund leben.
Stunde für Stunde,
Tag für Tag.

Nun, ich habe meine verrückten Augenblicke,
aber wenn ich noch einmal von vorn anfangen könnte,
würde ich mehr verrückte Augenblicke haben -
genau gesagt: Augenblicke,
einen nach dem anderen,
und nichts mehr
von Plänen zehn Jahre voraus.
Wissen Sie, ich bin eine von denen,
die für alle Fälle Thermometer,
Wärmflasche,
Gurgelwasser, Regenmantel und
Fallschirm
bei sich haben.
Hätte ich ein zweites Leben,
ich würde sie zu Hause lassen.

Könnte ich mein Leben noch einmal von vorn beginnen,
ich würde in aller Herrgottsfrühe
barfuß in den Frühlingsmorgen laufen
und als letzte sagen: Jetzt ist der Herbst dahin.
Ich würde mehr Hockey spielen,
und vom Karussell würden Sie mich
nicht mehr herunterbringen.

Gertrude Wilkinson

Wegstrecke: Die Zeichen der Zeit erkennen

Anlässe / Themen

- Gewissen
- Was ist gut / böse?
- Sich entscheiden
- Verantwortung

bis zu 10 Personen

1 Stunde

- Plakat
- Stift
- Kreppband

- Text mit Situation 1-5
- Noten „Worauf sollen wir hören"

Charakter der Einheit
Diskussion – Spiel

Chancen

- Die Jugendlichen werden sich bewusst, dass sie Menschen mit einem freien Willen sind. Sie erfahren, dass daraus Verantwortung wächst.
- Viele Jugendliche in diesem Lebensalter sind in einer Lebensphase, in der sie über ihren zukünftigen Lebensweg entscheiden müssen. Sie lernen Kriterien kennen, die bei einer Entscheidungsfindung zu berücksichtigen sind.

Biblisch-theologischer Kontext
Ein Leben lang kann und muss der Mensch Entscheidungen treffen. Dabei hat er eine Balance zu finden zwischen seiner eigenen Selbstverwirklichung und der Rücksichtnahme auf die von der jeweiligen Entscheidung Betroffenen. Das Gewissen ist die dem Menschen mitgegebene Instanz, die ihm bei dieser Entscheidung sagt, was gut ist. Dem Urteil des Gewissens ist nach christlicher Überzeugung Folge zu leisten.

Mögliche Schwierigkeiten / weitere Hinweise
Am besten eignet sich diese Einheit, wenn in der Gruppe vorher eine Konfliktsituation Thema war. Vielleicht erzählt einer der Jugendlichen von einer Situation, die er erlebt hat (in der Schule wird jemand zum Außenseiter gemacht, in der Familie schlägt jemand seine Kinder, in der Gemeinde hat jemand etwas geklaut ...). Mit Hilfe dieser Einheit kann dieses Thema vertieft werden.

Verlauf der Einheit

Scrabble

Die Gruppe sitzt im Kreis. In die Mitte wird ein großes Plakat mit karierten Kästchen gelegt (mehrere karierte Blätter vergrößern und aneinander kleben). Es liegt ein Stift bereit. Der Katechet schreibt den Begriff „Gewissen“ in die Mitte des Plakats, so dass jeder Buchstabe ein Kästchen ausfüllt. Nun werden die Jugendlichen eingeladen, Begriffe, Assoziationen zu diesem Begriff, ebenfalls auf das Papier zu schreiben. Dabei muss wie beim Scrabble ein Buchstabe an einen anderen Buchstaben aus den schon vorhandenen Wörtern anknüpfen (siehe Schaubild).

Du musst dich entscheiden

Bei dem folgenden Spiel sitzt die Gruppe im Kreis. In der Mitte steht ein Stuhl, auf den sich ein Jugendlicher setzt. Der Katechet schildert nun jeweils eine Konfliktsituation (siehe Anlage, bitte aus den Vorschlägen die für die jeweilige Gruppe passenden Beispiele auswählen). Die Gruppe hat nun die Aufgabe, dem Jugendlichen in der Mitte Ratschläge zu geben. Dazu steht jeweils derjenige, der etwas sagen möchte, auf, legt eine Hand auf eine Schulter des Jugendlichen in der Mitte und sagt dann, welchen Ratschlag er ihm in dieser Situation gibt. Wichtig ist es, darauf hinzuweisen, dass diese Ratschläge nicht unbedingt der eigenen Meinung entsprechen müssen. Es geht vielmehr darum, dass der Jugendliche in der Mitte viele Vorschläge bekommt, wie er in der Situation reagieren könnte. Fällt den Jugendlichen im Kreis kein Ratschlag mehr ein, dann sagt der Jugendliche, der in der Mitte sitzt, wie er sich in dieser Situation entscheiden würde. Wichtig ist es, dass der Katechet den Jugendlichen ermutigt, seine Entscheidung zu begründen. Im Anschluss daran kann diese Entscheidung in der Gruppe diskutiert werden. Danach darf sich der nächste Jugendliche in die Mitte auf den Stuhl setzen, und eine andere Situation wird geschildert.

Gespräch

Ausgehend von dieser Situation überlegt die Gruppe, welche Aspekte bei der Entscheidungsfindung berücksichtigt wurden. Die Ergebnisse werden stichpunktartig auf einem Plakat für alle sichtbar festgehalten. Dabei könnten folgende Punkte zur Sprache kommen:

- Wer ist von meiner Entscheidung betroffen?
- Was sind die Konsequenzen meines Handelns?
- Kann ich für ein gutes Ziel negative Konsequenzen in Kauf nehmen?
- Hat die Gewissensentscheidung Vorrang vor dem Gesetz?
- Denke ich bei meiner Entscheidung nur an mich?
- Hat meine Entscheidung etwas mit meinem Verhältnis zu Gott zu tun?

Abschlussrunde

Die Jugendlichen teilen sich mit, welchen neuen Gedanken sie aus dieser Runde mit nach Hause nehmen. Anschließend liest der Katechet den Text „Worauf sollen wir hören“ vor. Findet die Gruppe Gefallen am Singen, dann kann dieser Text auch gesungen werden.

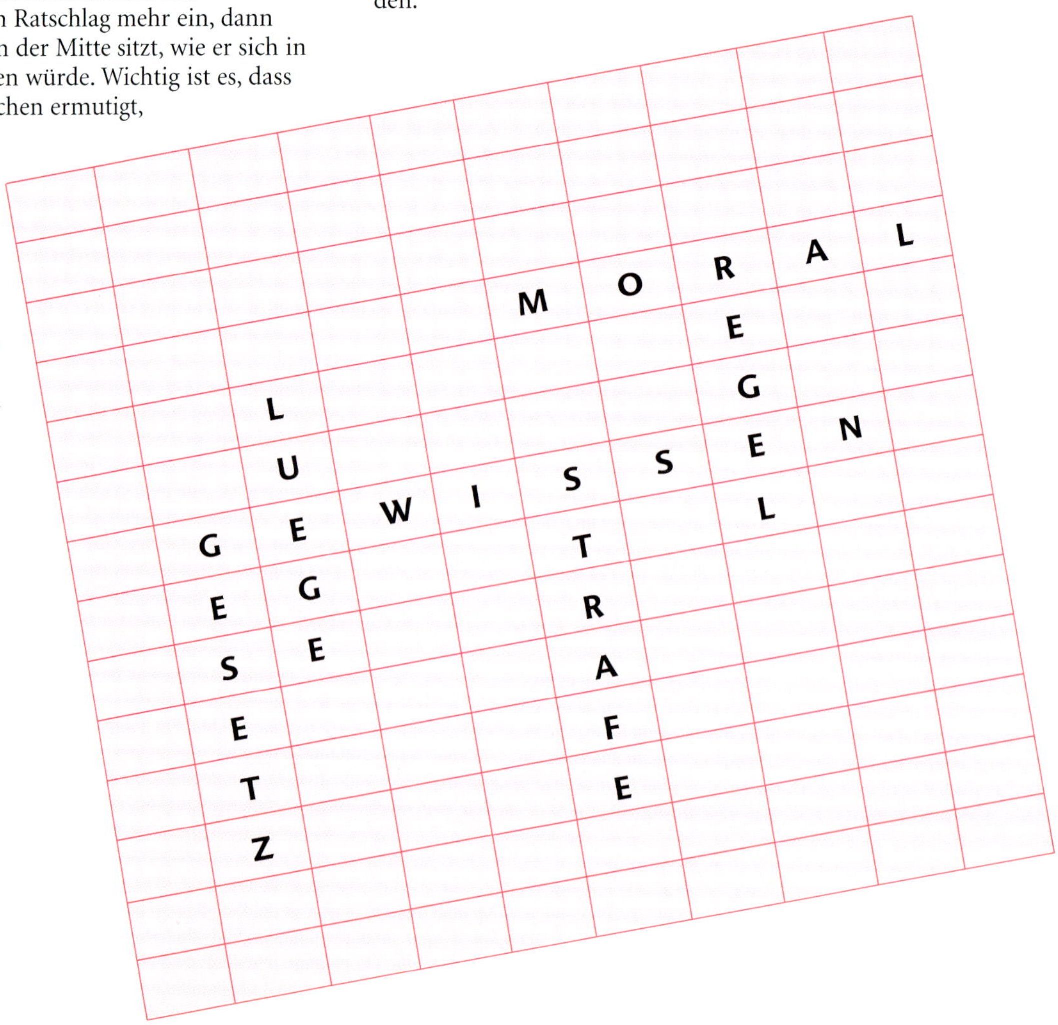

Wegstrecke: Die Zeichen der Zeit erkennen

Situationen

Situation 1
Du gehst in die zehnte Klasse. In deiner Klasse gibt es eine Gruppe, die immer wieder jüngere Schüler bedroht. Heute hast du gesehen, wie ein Schüler massiv mit Schlägen unter Druck gesetzt wurde.

Situation 2 (für ein Mädchen)
Du bist 16 Jahre und gehst in die neunte Klasse des Gymnasiums. Du bist schwanger.
Deine Eltern wissen noch nichts davon.
Dein Freund rät dir, das Kind abtreiben zu lassen.

Situation 3
Du bist seit einigen Monaten mit einem Mädchen / einem Jungen zusammen.
Ihr seid beide total verliebt ineinander.
Nach einer Fete fahrt ihr beide mit dem Auto nach Hause.
Deine Freundin / dein Freund sitzt am Steuer, hat aber keinen Führerschein. Unterwegs fährt sie / er einen Radfahrer an. Als sie / er im Rückspiegel sieht, dass der Radfahrer wieder aufsteht, fährt sie / er schnell weiter.

Situation 4
Du schreibst morgen eine Mathearbeit. Zum Üben bist du nicht gekommen und du weißt, dass du die Arbeit verhauen wirst. Deine Freunde geben dir den Tipp, dich krankschreiben zu lassen.

Situation 5
In der Straßenbahn, mit der du nach Hause fährst, sind nicht viele Fahrgäste. An der nächsten Station steigen zwei Männer ein, die schon einiges getrunken haben und aggressiv wirken. Die meisten Fahrgäste schauen aus dem Fenster. Da siehst du, dass die beiden eine Frau belästigen. Einer der Fahrgäste mischt sich ein, wird aber von den beiden abgefertigt, so dass er sich aus dem Abteil entfernt.

Worauf sollen wir hören

2. Wohin sollen wir gehen, sag uns, wohin? / So viele Termine, welcher ist wichtig? So viele Parolen, welche ist richtig? So viele Straßen! / Ein Weg ist wahr.

3. Wofür sollen wir Leben, sag uns, wofür? / So viele Gedanken, welcher ist wichtig? So viele Programme, welches ist richtig? So viele Fragen! / Die Liebe zählt.

T: Lothar Zenetti 1971 M: Peter Kempin 1971 aus: Gotteslob, Anhang für das Erzbistum Freiburg

Wegstrecke: Karriereleiter

Anlässe / Themen
- Wertediskussion
- Leistungsdruck
- Wann bin ich etwas wert?

bis zu 12 Personen

1 Stunde

- Leiter

- Text „Steige von der Leiter“ als Kopie für alle Jugendlichen
- ggf. Kopie des Textes „Kreis“

Charakter der Einheit
Diskussion – Selbsterfahrung – Meditation

Chancen
- Leistungsdruck ist für viele Jugendliche nicht zuletzt durch die Schule schon früh ein Thema. Nur wer etwas leistet, ist scheinbar etwas wert. Diese Katechese hinterfragt unsere Wertvorstellungen.
- Diese Katechese macht Mut, sich für Werte wie Geschwisterlichkeit, Mitmenschlichkeit, Partnerschaft usw. zu engagieren.
- Diese Katechese macht im Spiel erlebbar, welchen Druck unser Gesellschaftssystem auf die ausübt, die nicht mitkonsumieren, nicht arbeiten usw. können.

Biblisch-theologischer Kontext
Immer da, wo Menschen versuchen, sich über andere zu erheben, ist ihr Leben von Scheitern bedroht (Arche Noah, Turmbau zu Babel ...).
Jesus prägt mit seinem Vorbild einen neuen Lebensstil. Ihm ging es nicht darum, immer höher hinaus zu kommen, sich über andere zu erheben („Wer der größte sein will, der sei der Diener aller“ [Mt 20,26], Fußwaschung [Joh 13,1-20] usw.).
Der Kreis ist (nicht nur) in der christlichen Kunst das Symbol für Vollkommenheit, Harmonie, Unendlichkeit und Ganzheit. Der Kreis ist ein Zeichen für Gott.

Mögliche Schwierigkeiten / weitere Hinweise
Die Methode „Denkmal formen“, die in dieser Katechese benutzt wird, setzt ein gewisses Maß an Vertrauen in der Gruppe voraus. Manche Jugendliche tun sich schwer damit, andere anzufassen bzw. von anderen berührt zu werden. Andererseits lassen sich die meisten Jugendlichen sehr leicht für spielerische Methoden motivieren.

Verlauf der Einheit

Ein Denkmal formen

Ein Jugendlicher wird in der folgenden Übung zum Künstler. Er darf aus den anderen Jugendlichen ein Denkmal modellieren. Dazu darf er die Jugendlichen so im Raum positionieren, wie er will. Das Denkmal soll den Titel „Karriereleiter" tragen. Dieser Titel ist (zunächst) nur dem Katecheten und dem Künstler bekannt. Als Hilfsmittel steht dem Künstler lediglich eine Leiter zur Verfügung.

Einfühlungsübung

Wenn der Künstler sein Werk vollendet hat, verharren alle in der Position, die ihnen vom Künstler zugewiesen wurde. Der Katechet lädt die Jugendlichen ein, bewusst nachzuspüren, wie dieses Bild an der Position, wo sie sich befinden, wirkt:

- Nimm einmal ganz bewusst wahr, an welcher Stelle des Denkmals du dich befindest.
- Welche Gefühle empfindest du an diesem Platz? Ist es angenehm, dort zu sein, wo du bist, oder eher unangenehm?
- Wärst du lieber an einer anderen Stelle im Denkmal?
- Mit wem würdest du gerne deinen Platz tauschen? Warum? Was ist dort anders?
- Könntest du dem Denkmal einen Namen geben?

Dann lädt der Katechet nochmals alle Jugendlichen ein, sich das Denkmal gut einzuprägen. Daraufhin wird das Denkmal aufgelöst, und die Jugendlichen setzen sich auf ihre Plätze.

Austausch

Die Jugendlichen berichten nun davon, wie sie dieses Denkmal erlebt haben. In einer ersten Runde soll zunächst jeder Gelegenheit haben, von sich und seinen Gefühlen, seinen Beobachtungen zu erzählen. Dabei soll der Katechet darauf achten, dass Äußerungen von einzelnen nicht abgewertet oder lächerlich gemacht werden. Auch soll in dieser ersten Runde noch keine Diskussion entstehen. Mit folgenden Impulsen kann das Gespräch fortgesetzt werden:

- Wo begegne ich in meinem Alltag der Karriereleiter (Schule, Beruf, Familie, Clique ...)? Wo ist in der Wirklichkeit mein Platz auf der Karriereleiter? Stehe ich oben oder unten?
- Ist es möglich und sinnvoll, sich dem Karriere- und Machtdenken in unserer Gesellschaft zu entziehen?

Steige von der Leiter

Der Katechet teilt den kopierten Text „Steige von der Leiter" aus. Daraufhin wird der Text laut gelesen. Inhaltlich entwirft er als Gegenbild zu dem Bild der Karriereleiter das Bild des Kreises. Der Katechet lädt die Jugendlichen ein, den Text im Spiel umzusetzen. Dazu stellen sich alle Jugendlichen nochmals an die Position, die sie beim Denkmal zu Beginn der Einheit eingenommen hatten. Der „Künstler" liest den Text „Steige von der Leiter" nochmals vor, und alle Jugendlichen stellen sich in einen Kreis. Nun fordert der Katechet die Jugendlichen auf, das neue (Kreis-) Bild auf sich wirken zu lassen. Dann setzen sich alle wieder auf ihre Plätze.

Austausch

Die Jugendlichen berichten, was ihnen bei diesem Spiel aufgefallen ist. Der Katechet kann das Gespräch mit folgenden Impulsen weiterleiten:

- Die Karriereleiter steht eher für Werte wie Leistung, Macht, Durchsetzungsvermögen, Härte, Ellenbogenmentalität usw. Der Kreis steht für Werte wie Rücksichtnahme, Achtung, Zuwendung, Hilfe usw. Welche Werte möchte ich in meinem Leben verwirklichen?
- Der Text bringt Gott ins Spiel. Hat er etwas mit diesem Thema zu tun?

Abschluss

Zum Abschluss der Einheit soll der Kreis noch einmal ganz bewusst wahrgenommen werden. Dazu bieten sich je nach Gruppenkonstellation verschiedene Möglichkeiten an:

- In manchen Gruppen wird ein sehr gelungener Abschluss in einem einfachen Kreistanz bestehen können.
- Alternativ dazu kann sich die Gruppe in einen Kreis stellen und gemeinsam ein Gebet, z.B. das Vaterunser, sprechen.
- Der Katechet lädt ein, sich in einen Kreis zu stellen und noch einmal still zu werden. Dann liest er sehr ruhig den Text „Kreis" vor.

Wegstrecke: Karriereleiter

Steige von der Leiter.

Steige von der Leiter.
Klettere nicht mehr nach oben.
Steig hinab zur Erde.
Reich die Hand nach rechts und links.

Steige von der Leiter.
Steig vom hohen Ross.
Steig hinab zu Erde.
Tritt mit Menschen in Kontakt.

Steige von der Leiter.
Verliere nicht den Boden.
Steig hinab zur Erde.
Such die Mitte, finde Sinn.

Steige von der Leiter.
Box dich nicht nach oben.
Steig hinab zur Erde.
Himmel ist dort, wo du bist.

Tanz, Tanz, Tanz mit im Kreise.
Tanz, Tanz, Tanze Schritt für Schritt.
Tanz durch dein Leben.
Gott geht mit dir mit.

fr

Kreis

Ich stehe in einem Kreis,
kein Anfang, kein Ende,
kein unten, kein oben,
niemand kann ganz hoch hinaus.

Ich stehe in einem Kreis,
die Ersten, die Letzten,
die Letzten, die Ersten,
die Würde aller Menschen gleich.

Ich stehe in einem Kreis,
Geben und Nehmen,
gemeinsames Leben,
in voller Harmonie.

Ich stehe in einem Kreis,
darin ist alles enthalten,
Wachstum und Reife,
Erfüllung
im Hier und Jetzt,
wunderbar,
zauberhaft,
merkwürdig,
vollkommen,
himmlisch
und göttlich,
- so rund: der Kreis.

fr

Wegstrecke: Lebensphasen – Glaubensphasen

Anlässe / Themen
- Verbindung von Leben und Glauben
- Was und wie glaube ich?
- „Das kann ich heute so nicht mehr glauben"

6-8 Personen

1-2 Stunden

- CD-Player
- CD mit meditativer Musik

- „Stufen" von Hermann Hesse in Kopie für jeden Jugendlichen
- Text „Fantasiereise"
- Arbeitsblatt (vergrößert auf DIN A3) mit Treppe

Charakter der Einheit
Diskussion – Stille – Meditation

Chancen
- Den Jugendlichen kann die Bedeutung des eigenen Lebens für ihre religiöse Sozialisation bewusst gemacht werden.
- Die Jugendlichen erfahren Verständnis und Anteilnahme an ihrer Lebensgeschichte. Sie haben in dieser Einheit Raum und Zeit, sich und ihr Leben zur Sprache zu bringen.

Biblisch-theologischer Kontext
Gott als der „Ich bin da" (vgl. Ex 3,14) ist in jeder Lebensgeschichte zu finden.
Glauben ist ein Reifungsprozess. Die Firmvorbereitung will zu einem reifen, erwachsenen, reflektierten Glauben verhelfen.
Selbst Jesus wird sich seines Auftrages im Laufe seines Lebens erst langsam bewusst und muss immer wieder neu lernen, was glauben heißt (vgl. z.B. Mk 7, 24-30).
Im Laufe eines Lebens durchläuft der Mensch verschiedene Glaubensphasen, die auch mit seiner psychisch-kognitiven Entwicklung zusammenhängen. Eine reife, erfahrungsgedeckte und kritischer Rationalität standhaltende Religiosität gehört zum ganzheitlichen Menschensein dazu.

Mögliche Schwierigkeiten / weitere Hinweise
In der Gruppe muss ein Vertrauensverhältnis bestehen, damit diese Einheit gelingen kann.
Der Text von Hermann Hesse stammt aus seinem Roman „Das Glasperlenspiel".
Der Katechet sollte in dieser Einheit sehr wachsam sein. Er erfährt hier unter Umständen Dinge, die Jugendliche zutiefst bewegen. Dieses „Wissen" kann ihm in den weiteren Einheiten helfen, sehr nah an den Themen der Jugendlichen zu planen.
Wenn das Interesse der Gruppe an dem Thema „Lebensphase – Glaubensphase" besteht, könnten in einer weiteren Katechese Bibelstellen von Menschen in unterschiedlichen Lebenssituationen verglichen werden (Klagepsalm, Hiob, Elia, Jesus am Ölberg ...), um zu zeigen, wie der menschliche Glaube am Leben reifen kann.

Verlauf der Einheit

Stufen

Der Text „Stufen“ von Hermann Hesse wird vorgelesen und als Kopie verteilt. Der Text spricht davon, dass das menschliche Leben in Phasen verläuft. Immer wieder entwickelt sich der Mensch zu einer höheren Stufe weiter. Der Katechet teilt den Jugendlichen mit, dass es in dieser Stunde darum gehen wird, den eigenen Lebensphasen und ihrer Bedeutung für den Glauben auf die Spur zu kommen.

Fantasiereise

Die Jugendlichen verteilen sich im Raum und nehmen eine Position ein, in der sie längere Zeit verharren können, ohne dass sie sich bewegen müssen. Am besten legen sie sich auf den Rücken. Wo der Platz nicht reicht, können sie sich auch an einen Tisch setzen und den Kopf auf die verschränkten Arme legen. Dann lädt der Katechet zu einer Reise in die eigene Vergangenheit ein. Dazu lässt er ruhige Instrumentalmusik laufen.

Meine Lebensstufen

Die Jugendlichen erhalten die auf ein Blatt im Format DIN A3 vergrößerten Lebensstufen ausgeteilt. Jeder Jugendliche soll auf dieser Treppe die Lebensstufen eintragen, die für sein Leben von großer Bedeutung waren. Dazu schreibt er in Stichpunkten, was diese Phase kennzeichnet. Außerdem kennzeichnen die Jugendlichen mit Farben, wie sie sich in der jeweiligen Lebensphase gefühlt haben (schwarz = schlecht, gelb = sehr gut, braun = ich weiß es nicht). Während die Jugendlichen ihre Stufen ausfüllen, läuft ruhige Musik. Wenn alle Jugendlichen ihre Stufen skizziert haben, wird der nächste Arbeitsschritt erläutert. Der Katechet lädt die Jugendlichen nun ein, nachzudenken, welche Vorstellungen sie in den jeweiligen Lebensphasen von Gott hatten. Diese Vorstellungen schreiben sie ebenfalls in ihre Lebenstreppen.

Auswertung

Bei der Übung „Lebenstreppen“ schreiben die Jugendlichen sehr persönliche Dinge auf. Deshalb muss jeder das Recht haben, sein Plakat für sich zu behalten. Dennoch sollte am Ende eine Austauschrunde stattfinden, in der die Jugendlichen berichten, wie ihnen diese Übung gefallen hat. Natürlich dürfen dabei alle, die das wollen, ihre Lebenstreppe den anderen zeigen und erläutern. Der Katechet soll auch die Glaubensdimension der Lebensstufen ansprechen:

- Konntet ihr euch daran erinnern, welche Vorstellung von Gott ihr in den jeweiligen Zeiten hattet?
- Fallen euch Parallelen zwischen Lebensphase und Glaubensphase auf?
- Was haben die Lebensphasen, in denen Menschen ein Tief haben, für Auswirkungen auf ihre Vorstellung von Gott?
- Entwickelt sich auch euer Glaube weiter?

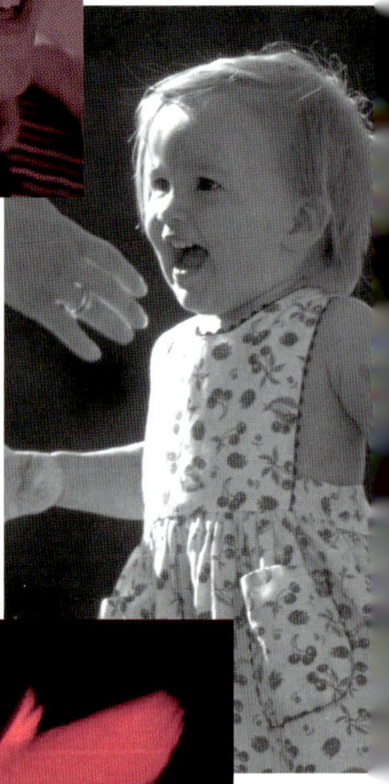

Abschluss

Zum Abschluss der Einheit wird noch einmal der Text „Stufen“ von Hermann Hesse vorgelesen. Der Katechet formuliert den Wunsch, dass der Firmkurs den Jugendlichen die Möglichkeit bietet, in ihrem Glaubensleben eine weitere Stufe voranzukommen.

Wegstrecke: Lebensphasen – Glaubensphasen

Fantasiereise: Mein Leben als Film

Ich lade dich nun zu einer Reise in die eigene Vergangenheit ein.
Dazu solltest du dich möglichst bequem hinsetzen oder hinlegen,
so dass du in dieser Position einige Zeit gut sitzen oder liegen kannst.
Nimm deinen Atem wahr,
spüre, wie du einatmest und ausatmest.
Du musst nichts tun.
Schließe deine Augen,
nimm nur dich selbst wahr.

Stell dir vor, du sitzt in einem großen Kino.
In dem Film, der heute gezeigt wird,
bist du der Hauptdarsteller.
Es ist ein Dokumentarfilm.
Er zeigt die wichtigsten Szenen aus deinem Leben.

Achte in den nächsten Minuten darauf,
welche Personen in diesem Film auftauchen,
an welchen Orten er spielt.

Das Licht geht aus und der Film beginnt.
Der Film beginnt mit deiner Geburt.
Das ist schon lange her,
und doch ist dir einiges von deiner Geburt aus Erzählungen bekannt.

(Pause)

Die nächsten Szenen zeigen dich als Baby.
Wie du langsam all das lernst, was jedes Kind lernt:
Krabbeln, laufen, sprechen.
Du lernst deine Familie kennen.
Und deine Familie lernt dich kennen.

(Pause)

Du bist nun schon größer und trotzdem noch ein kleines Kind.
Du nimmst deine Welt immer bewusster wahr.
Du kannst dich an immer mehr Details erinnern.
Es ist die Zeit des Kindergartens.
Vielleicht fällt in diese Zeit ein erster Urlaub,
an den du dich erinnerst.
Vielleicht erinnerst du dich an Freundinnen und Freunde
oder auch an andere Menschen, die dir wichtig waren.

(Pause)

Dein Lebensfilm läuft weiter.
Er zeigt dich in der Grundschule.
Du lernst lesen, rechnen und all die Dinge,
die Kinder lernen müssen.
Was tust du in dieser Zeit gerne?
Hast du Hobbys?
Mit wem verbringst du deine Zeit?

(Pause)

Und schon kommt die nächste Szene.
Du gehst auf eine weiterführende Schule.
Wieder lernst du neue Menschen kennen.
Musst länger in der Schule bleiben.
Es gibt neue Fächer in der Schule.
Macht dir die Schule Spaß?
Welche Lehrerin, welchen Lehrer magst du besonders?
Was machst du jetzt in deiner Freizeit?
Hast du immer noch die alten Freundinnen und Freunde?

(Pause)

Bisher zeigt der Film nur die Szenen,
die bei fast jedem Menschen gleich sind.
Nun macht der Film noch einmal ein paar Rückblenden
und zeigt Szenen aus deinem Leben,
die dein Leben zu etwas besonderem machen.
Er zeigt Situationen, in denen du ganz besonders glücklich warst.
Noch heute kannst du dich genau an diese Szenen erinnern.

(Pause)

Der Film zeigt aber auch die Szenen,
in denen es dir ganz mies ging, wo du völlig fertig warst.

(Pause)

Dann ist der Film zu Ende.
Das Licht geht im Kinosaal langsam an.
Du atmest einmal tief durch.
Du öffnest deine Augen
und kommst wieder hier bei uns in der Firmgruppe an.

Wegstrecke: Lebensphasen – Glaubensphasen

Stufen

Wie jede Blüte welkt und jede Jugend
dem Alter weicht, blüht jede Lebensstufe,
blüht jede Weisheit auch und jede Tugend
zu ihrer Zeit und darf nicht ewig dauern.
Es muss das Herz bei jedem Lebensrufe
bereit zum Abschied sein und Neubeginne,
um sich in Tapferkeit und ohne Trauern
in andre, neue Bindungen zu geben.
Und jedem Anfang wohnt ein Zauber inne,
der uns beschützt und der uns hilft zu leben.

Wir sollen heiter Raum und Raum durchschreiten,
an keinem wie an einer Heimat hängen,
der Weltgeist will nicht fesseln uns und engen,
er will uns Stuf' um Stufe heben, weiten.
Kaum sind wir heimisch einem Lebenskreise
und traulich eingewohnt, so droht Erschlaffen,
und wer bereit zu Aufbruch ist und Reise,
mag lähmender Gewöhnung sich entraffen.

Es wird vielleicht auch noch die Todesstunde
uns neuen Räumen jung entgegensenden;
des Lebens Ruf an uns wird niemals enden …
Wohlan denn, Herz, nimm Abschied und gesunde!

Hermann Hesse

Meine Lebenstreppe

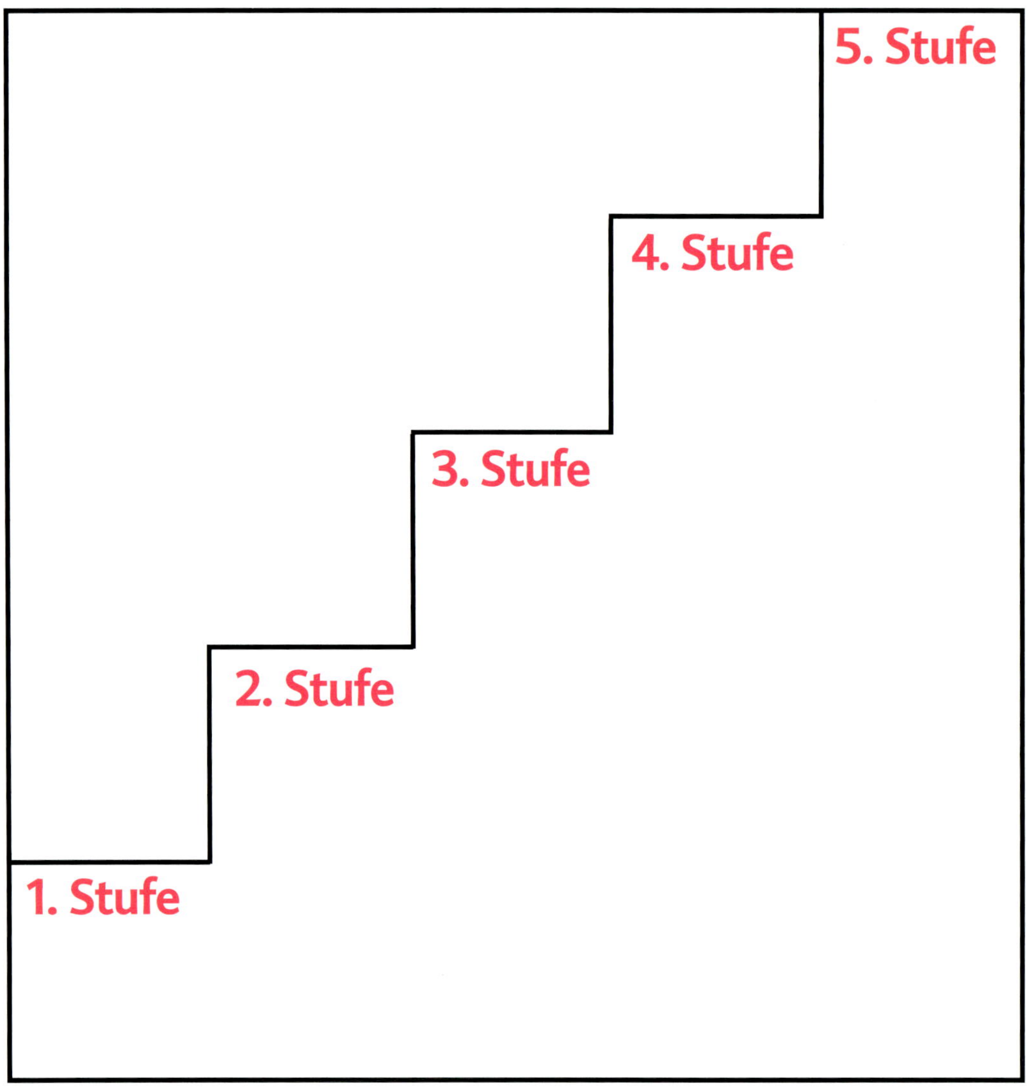

Gott

Gott

Wegstrecke: Mein Gottesbild

Anlässe / Themen
- Gottesbilder
- Veränderungen des Gottesbildes

bis zu 10 Personen

1 Stunde

- Papier mit Aufschrift „früher“ - „heute“- „morgen“
- evtl. Musik und CD-Player

- Zettel mit Gottesbildern

Charakter der Einheit
Reflexion — Gespräch

Chancen
- Die Jugendlichen erkennen, dass Gottesbilder nur gedankliche Annäherungen sind.
- Die Jugendlichen erkennen, dass sich die Gottesbilder im Lauf ihres Lebens verändern.
- Sie überlegen, mit welchem Gottesbild sie gerne durch das Leben gehen möchten.
- Die Jugendlichen lernen, sich über ihren Glauben an Gott auszutauschen.

Biblisch-theologischer Kontext
Gott ist anders, als Menschen ihn sich denken. Kein Mensch hat Gott je gesehen (1 Joh 4,12).
Es ist wichtig, sich immer wieder neu seines eigenen Gottesbildes bewusst zu werden. Ein wichtiges Korrektiv für das eigene Gottesbild ist nach christlichem Verständnis die Bibel. In der Auseinandersetzung mit den biblischen Texten kann das persönliche Gottesbild reifen.

Mögliche Schwierigkeiten / weitere Hinweise
Die Einheit eignet sich gut an der Nahtstelle zwischen den Themenkomplexen „Identität“ und „Gott“.

Verlauf der Einheit

Gottesbilder

Der Katechet hat die Karten mit den verschiedenen Gottesbildern für jeden Jugendlichen kopiert und ausgeschnitten. Auf einem Zettel ist Platz für eine alternative, persönliche Beschreibung des eigenen Gottesbildes. Die Jugendlichen erhalten nun die acht kleinen Zettel und überlegen sich, woher ihnen die skizzierten Gottesbilder bekannt sind und in welchen Lebensphasen sie mit welchem Gottesbild konfrontiert wurden. Während dieser Phase sollten die Jugendlichen schweigen. Im Hintergrund kann ruhige Musik gespielt werden.

Gott in meinem Leben

Der Katechet hat drei farbige Blätter im Format DIN A4 auf den Tisch gelegt. Auf ihnen steht jeweils ein Begriff: „früher" – „heute" – „morgen". Der Katechet bittet die Jugendlichen, auf jedes Blatt einen Zettel zu legen, der etwas über das Gottesbild in der jeweiligen Lebensphase aussagt. Früher: Wie sah als Kind mein Gottesbild aus? Heute: Welches Gottesbild trifft heute am ehesten zu? Morgen: Mit welchem Gottesbild möchte ich durch´s Leben gehen?

Gruppenregeln

Zum Abschluss der Einheit liest der Katechet ein Zitat des Künstlers Ernst Barlach (Bildhauer, Grafiker und Dichter, geb. 1870 in Wedel, gest. 1938 in Rostock) vor, der sich mit sakraler Kunst im 20. Jahrhundert einen Namen gemacht hat. Barlach sagte:

„Ich habe keinen Gott, aber er sei gepriesen, dass es so ist. Ich habe keinen Gott, aber Gott hat mich."

Gemeinsam mit den Jugendlichen überlegt der Katechet, was Barlach mit dieser Aussage gemeint haben könnte. Wenn die Jugendlichen gerne singen, kann die Einheit im Anschluss an diese Gesprächsrunde mit dem Kanon „Ich will dir danken" ausklingen.

Wegstrecke: Mein Gottesbild

Gottesbilder

Der alte Opa Gott muss „von gestern" sein, denn von ihm wird hauptsächlich in der Vergangenheit gesprochen: Am Anfang hat er die Welt erschaffen. Er hat mit Abraham, Mose und vielen anderen Menschen gesprochen. Früher haben die Menschen noch an ihn geglaubt und zu ihm gebetet. Heute lässt er sich aber nur noch selten blicken.	**Der anstrengende Begleiter** Ach, der schon wieder. Manchmal ist er richtig lästig. Denn am Sonntag will er, dass die Menschen in die Kirche gehen. Wenn das Essen in der Schüssel dampft, muss er noch sein Tischgebet vorgesetzt bekommen. Und wenn die Augen abends zufallen, hat er noch das Recht auf sein Abendgebet. Die vielen religiösen Bilder bei uns zu Hause haben wohl auch etwas mit ihm zu tun.
Der große Zampano Gott kann alles. Er ist der große Alleskönner. Am Anfang hat er die Erde erschaffen. Als es ihm zu bunt wurde, hat er die Erde mit einer Sintflut in eine große Pfütze verwandelt. Und später ließ er noch so manches Mal die Puppen tanzen. Auch die Menschen sind nur Gottes Marionetten. Er bewegt sie nach Lust und Laune. Und manchmal gelingt es den Menschen, dem großen Meister vorzuschreiben, an welchen Fäden er gerade ziehen soll.	**Der gute Freund** Ich bin nie ganz einsam und allein. Ich weiß, dass es da einen gibt, der bei mir ist. Ganz egal, ob mir nach Lachen oder Weinen zumute ist. Manchmal habe ich das Gefühl, ich könnte mich bei ihm ankuscheln. Manchmal bin ich auf ihn auch sauer, weil alles nicht so läuft, wie ich es mir vorstelle. Aber das nimmt er mir nicht richtig übel. Ich bin froh, dass es ihn gibt.
Der himmlische Buchhalter O Gott, der sieht ja alles und vergisst nichts. Also, aufgepasst. Gott residiert über allem und notiert fein säuberlich die Bewegungen der Menschen auf Schritt und Tritt. Jede falsche Bewegung kann fatale Folgen haben. Denn genauso, wie gutes Verhalten eines Tages belohnt wird, gibt es für die bösen Taten die gerechte Strafe. Schade, dass man noch nicht mal „zwischendurch" unbemerkt sündigen kann.	**Das große Fragezeichen** Verstehen kann ich ihn ja nicht. Ich finde, er müsste manches anders machen. Warum lässt er denn zu, dass schon kleine Kinder sterben müssen? Und dass es immer neue Kriege auf der Erde gibt? Gegen die Umweltzerstörung scheint er auch nichts zu tun. Manchmal frage ich mich, ob Gott so blind sein kann und ob es ihn wirklich gibt.
Der nützliche Helfer Gott ist so eine Art Serviceadresse. Wenn es in der Schule hapert - Gott wird schon helfen. Wenn das Wetter beim Gartenfest mitspielen soll - Gott macht das schon (vielleicht in Kooperation mit Petrus, dem himmlischen Sonnenmacher). Wenn die Sache mit der Liebe nicht so klappen will - Gott wird's schon richten. Wenn die Lieblingsmannschaft nicht absteigen soll - mit ein bisschen Bitten, Betteln und Flehen wird er schon ein Einsehen haben.	**Mein Gottesbild:** ____________________ ____________________ ____________________ ____________________ ____________________

Wegstrecke: Gib mir den Glauben zurück

Anlässe / Themen
- Gott
- Gebet
- Religiöse Texte in moderner Pop- und Rockmusik
- Gebet in Notsituationen

bis zu 10 Personen

2 Stunden

- CD-Player
- Stifte, Papier

- Liedtext „Mama“ von Brings (auf der CD „Menschen-Leben-Träume“)
- Kopien der Zitatkärtchen

Charakter der Einheit
Musik – Reflexion – Gespräch

Chancen
- Die Jugendlichen erfahren, dass die Gottesfrage auch in der Popmusik thematisiert wird.
- Die Jugendlichen reflektieren ihre eigene Glaubensgeschichte.
- Die Jugendlichen reflektieren das Gebet als individuelle Ausdrucksform.
- Die Jugendlichen setzen sich mit ihrer Gebetspraxis auseinander.

Biblisch-theologischer Kontext
Herr, lehre uns beten (Lk 11,1).
Die Bibelzitate, die sich bei den Vorlagen finden, zeigen, Gott ist ein menschenfreundlicher Gott, der gerade auch dann Menschen nahe ist, wenn sie sich ängstigen oder wenn sie sich in einer Notsituation befinden.

Mögliche Schwierigkeiten / weitere Hinweise
Das bewusst gesprochene Gebet wird im Leben vieler Jugendlicher nicht mehr vorkommen. Wichtig ist, dass der Firmkatechet die Jugendlichen ermutigt, eigene Gebetsspuren in ihrem Alltag zu entdecken und zur Sprache zu bringen.

Verlauf der Einheit

„Mama“

Das Lied „Mama“ von Brings kann als Hintergrundmusik gespielt werden, während die Jugendlichen ankommen. Zu Beginn der Arbeitsphase spielt der Katechet das Lied zunächst noch einmal und bittet die Jugendlichen, beim Zuhören bewusst auf den Text des Liedes zu achten. Er fragt sie, wie ihnen das Lied gefällt und was ihnen beim Hören aufgefallen ist. Anschließend teilt er Blätter mit dem Liedtext aus, den die Jugendlichen verfolgen können, während sie das Lied ein drittes Mal hören.

Gespräch

Der Katechet hat Fragen auf Zettel geschrieben. Die Jugendlichen ziehen reihum einen der Zettel, lesen die Frage laut vor und beantworten sie.

- Welche Situation beschreibt der Sänger?
- Was versteht der Sänger unter „Realität“?
- Was sagt der Sänger über das Beten?
- Wie würdest du den Glauben des Sängers beschreiben?
- Was sagt der Sänger über Gott?
- Hast du eine solche Situation auch schon erlebt?

Nachdem eine Frage von einem Jugendlichen beantwortet wurde, dürfen die anderen Gruppenmitglieder ergänzende, bestätigende oder widersprüchliche Aussagen hinzufügen. Wichtig ist, dass die Aussage des Liedtextes in dieser Phase auch kritisch hinterfragt werden darf.

Gottesbeziehungen

Der Katechet hat mehrfach das Blatt mit den biblischen Zitaten kopiert, die etwas über verschiedene Gottesbeziehungen aussagen. Sinnvoll ist, dass von jedem Statement mehrere Exemplare vorliegen, wenn die ausgeschnittenen Zitate auf dem Tisch verteilt werden. Der Katechet bittet die Jugendlichen, sich die Aussagen in Ruhe durchzulesen und jeweils eine auszusuchen, die ihnen persönlich zusagt. Während dieser Phase sollte es möglichst ruhig sein, es darf nicht gesprochen werden. Evtl. kann im Hintergrund eine ruhige Musik gespielt werden. Im anschließenden Gespräch stellen die Jugendlichen das von ihnen gewählte Zitat vor und begründen, was sie an diesem Statement angesprochen hat. Die Jugendlichen können Vermutungen äußern, in welcher Situation das Zitat entstanden sein könnte.

Partnergespräch

Der Katechet erinnert an das zu Anfang gehörte Lied und legt in die Mitte ein Plakat , das als Überschrift den Begriff „Beten“ trägt. Die Jugendlichen überlegen gemeinsam, was Beten bedeutet (Sprechen mit Gott ...) und welche Gebete es gibt (Klagegebet, Bittgebet, Dankgebet ...). Sie halten ihre Gedanken auf dem Plakat fest. Dann gehen sie paarweise zusammen und tauschen sich darüber aus, was sie sich von einem Gebet erhoffen und was in ihren Augen ein sinnvolles Gebet auszeichnet. Die Ergebnisse können abschließend in der Gruppe vorgestellt werden.

Wegstrecke: Gib mir den Glauben zurück

Mama

Was Du siehst
das glaubst Du auch
hast Du mir gesagt
Realität vor Deinen Augen
das ist angesagt
Jesus und der liebe Gott
sind für die Schwachen da
Für die, die nicht
im Leben steh´n
ist so was wunderbar

Wenn Du weinst und einsam bist
hilft Dir keiner raus
Aus quälendem Gedankenschrott
gibt's kein Ein noch Aus
Beten hat's noch nie gebracht
kein Engel vor der Tür
Doch heute Nacht bist Du soweit
und Du schreist nach ihr

Ma ma ma ma - Mama
gib mir den Glauben zurück
Bitte, bitte Mama
gib mir den Glauben zurück
ich will Liebe, ich will Glück
Ma ma ma ma - Mama
gib mir den Glauben zurück

Den Schrei hat sie dann nicht gehört
wie soll's auch anders sein
Du versuchst es noch einmal
doch Du bleibst allein
In Deiner Not, Du glaubst es kaum
gehst Du auf die Knie
und Du fangst zu beten an
so was tatst Du früher nie

Bis heute war kein Engel da
auch nicht der liebe Gott
Der braucht nicht erst vorbeizukommen
denn er ist in Deinem Kopf
Der wohnt in Deinem Herzen
in Deinem Saft und Blut
und wenn Du einsam bist
er macht Dir Mut

Brings

Verlauf der Einheit

„Liebe ist für mich..."

Der Katechet teilt Zettel aus. Die Jugendlichen ergänzen auf diesen Zetteln den Satzanfang „Liebe ist für mich ..." Es können auch mehrer Ergänzungen, Bilder usw. gefunden werden. Wenn alle Jugendlichen fertig sind, bittet der Katechet die Jugendlichen, ihre Satzergänzungen langsam hintereinander vorzulesen. Zwischen den einzelnen Sätzen soll ein Augenblick Stille sein, um dem Sinn des Gesagten nachspüren zu können. Dazu lässt der Katechet ruhige Musik laufen. Nach dieser Meditation leitet der Katechet über zum nächsten Schritt. In dem Lied, das die Jugendlichen nun hören werden, geht es auch um das Thema Liebe.

Es ist, was es ist

Der Katechet teilt das Gedicht „Was es ist" von Erich Fried aus. Der Text wird nun laut vorgetragen, indem er reihum gelesen wird. Dabei liest jeder Jugendliche jeweils zwei Zeilen. Nach jeweils zwei Zeilen wird ein Moment Stille gehalten. Dazu kann ruhige Musik laufen, um die ruhige Atmosphäre zu betonen.
Im anschließenden Gespräch erarbeitet die Gruppe Kernaussagen des Gedichtes:

- Mit „normalen" Wertmaßstäben ist das Phänomen Liebe nicht zu begreifen.
- Liebe ist eine Emotion, die vernünftige Grenzen sprengt.
- Liebe ist einfach da. Sie lässt sich nicht erklären.
- ...

Am Schluss wird der Text noch einmal am Stück gelesen.

Lied: Nicht von dieser Welt

Nun wird der Song „Nicht von dieser Welt" eingespielt. Dazu verteilt der Katechet die kopierten Textblätter. Die Gruppe hört sich den Song an, liest den Text noch einmal in Ruhe und tauscht dann erste Eindrücke aus:

- Was spricht mich an dem Lied an?
- Was stößt mich ab?
- Wer ist das „Du", das in dem Lied angesprochen wird?
- Was hält dich am Leben? Was brauchst du unbedingt zum Leben?
- Wie verstehst du die Formulierung „sie ist nicht von dieser Welt?" Was möchte Naidoo mit dieser Formulierung ausdrücken?
- Naidoo bekennt sich in Interviews immer wieder ausdrücklich zum Glauben an den biblischen Gott. Finden sich Anklänge an seinen Glauben in dem Song wieder?
- ...

Bibelgespräch

Dann teilt der Katechet den Text Mk 4,26ff aus (siehe Vorlage) und bittet einen Jugendlichen, den Text vorzulesen. Die Jugendlichen werden wiederum aufgefordert, spontane Eindrücke zu äußern:

- Was spricht mich an dem Text an?
- Was verstehe ich nicht?
- Was stößt mich ab?
- Wo lassen sich Parallelen zwischen dem Song von Naidoo und dem Bibeltext finden?
- Kennst du auch die Erfahrung von unverdientem, unerwartetem Glück?
- Bringst du solche Erlebnisse mit Gott in Verbindung?

Der Katechet kann darauf hinweisen, dass Gott in der Bibel als Liebe bezeichnet wird. Somit wird jede Erfahrung von Liebe zur Gotteserfahrung. Gott ist also in einem ganz profanen, alltäglichen Geschehen erlebbar. Dieser Gedanke dürfte für manche Jugendliche neu sein, da sie Gott zunächst einmal „nur" mit dem Jenseits in Verbindung bringen. Um so wichtiger ist die Vermittlung dieser Einsicht, um die Lebensrelevanz des Glaubens im eigenen Leben zu entdecken.

Abschluss

In einer Abschlussrunde teilen sich die Jugendlichen gegenseitig mit, welchen Gedanken sie aus dieser Einheit mit nach Hause nehmen werden. Zum Schluss kann noch einmal der Song von Naidoo eingespielt werden.

Wegstrecke: Sie ist nicht von dieser Welt

Was es ist

Es ist Unsinn
sagt die Vernunft
Es ist was es ist
sagt die Liebe

Es ist Unglück
sagt die Berechnung
Es ist nichts als Schmerz
sagt die Angst
Es ist aussichtslos
sagt die Einsicht
Es ist was es ist
sagt die Liebe

Es ist lächerlich
sagt der Stolz
Es ist leichtsinnig
sagt die Vorsicht
Es ist unmöglich
sagt die Erfahrung
Es ist was es ist
sagt die Liebe

Erich Fried

Das Gleichnis vom Wachsen der Saat

Er sagte: Mit dem Reich Gottes ist es so,
wie wenn ein Mann Samen auf seinen Acker sät;
dann schläft er und steht wieder auf,
es wird Nacht und wird Tag, der Samen keimt und wächst,
und der Mann weiß nicht, wie.
Die Erde bringt von selbst ihre Frucht,
zuerst den Halm, dann die Ähre,
dann das volle Korn in der Ähre.
Sobald aber die Frucht reif ist, legt er die Sichel an;
denn die Zeit der Ernte ist da.

Mk 4,26-29

Wegstrecke: Sie ist nicht von dieser Welt

Nicht von dieser Welt

So viele Nächte lag ich wach
Meine Augen rot, vom Weinen schwach
Den Kelch mit Tränen aufgefüllt,
Meine Wunden ins Leintuch eingehüllt,
Was soll ich suchen, dass mich stützt
Wo ist der Mensch, der mich beschützt

Es ist wahr, wenn ich dir sage,
dass es mich quält, wenn ich mich frage,
kann ich noch leben ohne dich
Eine Antwort brauch' ich nicht
Du bist der Inhalt meines Lebens
Dich suchte ich vergebens
Du bist mein Licht, das die Nacht erhellt,
sowas ist nicht von dieser Welt

Du hörst die Schmerzen, die ich spür'
Von Ohr zu Herz, eine offene Tür
Niemals ein böses Wort von dir
Die schönste Berührung zwischen dir und mir
Du fängst mich immer wieder auf
Und du gibst immer was ich brauch'
Das was mir an dir gefällt,
ist einfach nicht von dieser Welt

Sie ist nicht von dieser Welt
Die Liebe, die mich am Leben hält
Ohne dich wär's schlecht um mich bestellt
Denn sie ist nicht von dieser Welt

Musik und Text: Richard Geppert / Xavier Naidoo

Wegstrecke: Gottesspuren

Anlässe / Themen

- Auseinandersetzung mit Gottesfrage
- Gotteserfahrung
- Wo kann ich Gott begegnen
- Lebensrelevanz des Glaubens

bis zu 8 Personen

1 Stunde

- Spielfiguren
- Würfel
- Bibel für alle Jugendlichen

- Spielkarten
- Spielfeld

Charakter der Einheit
Spiel – Diskussion

Chancen

- Die Jugendlichen setzen sich spielerisch mit der Gottesfrage auseinander.
- Die Jugendlichen lernen verschiedene Standpunkte kennen.
- Die Jugendlichen lesen biblische Aussagen über Gott.
- Die Jugendlichen reflektieren und formulieren eigene Erfahrungen mit Gott.

Biblisch-theologischer Kontext
„Seid stets bereit, jedem Rede und Antwort zu stehen, der nach der Hoffnung fragt, die euch erfüllt" (1 Petr. 3,15).

Mögliche Schwierigkeiten / weitere Hinweise
Die Fragen und Statements werden schnell spannende Diskussionen entstehen lassen. Genau diese Diskussion ist gewollt.
Viele Jugendliche finden nur schwer einen Zugang zur Bibel, weil sie die Texte als langweilig und wenig relevant für ihr Leben ansehen.

Verlauf der Einheit

Spielvorbereitung

Der Katechet hat die Spielkarten-Blätter mit Fragen nach biblischen Antworten, Fragen nach den Antworten von berühmten Persönlichkeiten sowie persönlichen Fragen an die Jugendlichen auf verschiedenfarbiges Papier (ideal ist ein 150 g-Papier) kopiert und ausgeschnitten. Der Spielplan wird vergrößert und anschließend auf Tonpapier (Format DIN A3) kopiert.

Spielregeln

Jeder Teilnehmer erhält eine Spielfigur. Sollten nicht genügend verschiedenfarbige Figuren zur Verfügung stehen, so müssen die Figuren durch einen aufgeklebten Farbpunkt zusätzlich gekennzeichnet werden. Zu Beginn des Spiels stehen alle Spielfiguren auf dem Startfeld. Ziel des Spiels ist es, mit seiner Figur möglichst schnell auf dem Feld „Champion“ anzukommen.

Auf dem mit dem Pfeil markierten Feld auf der Kreisbahn wird ein weiterer Spielstein (der sich deutlich von den Spielfiguren unterscheidet) gestellt. Reihum dürfen alle Spieler nun würfeln. Analog zur gewürfelten Zahl wird der Spielstein auf der Kreisbahn bewegt.

Kommt er auf ein Feld mit , so zieht er eine entsprechend gekennzeichnete Fragekarte und liest sie laut vor. Wenn er diese Frage ehrlich beantwortet, darf er mit seiner Spielfigur ein Feld vorrücken.

Bei einem , nimmt der linke Mitspieler des Spielers eine entsprechend gekennzeichnete Karte und liest die Frage laut vor. Nun muss der Spieler raten, von wem das vorgelesene Zitat stammt. Ist seine Antwort richtig, so darf er mit ihrer Spielfigur ein Feld vorrücken.

Landet er auf einem , zieht er selbst eine entsprechend gekennzeichnete Karte, auf der ein Bibeltext angegeben ist. Er liest die Angabe der Textstelle laut vor. Die Mitspieler müssen nun versuchen, möglichst schnell die angegebene Textstelle zu finden. Wer zuerst den gefragten Vers vorlesen kann, darf seine Spielfigur ein Feld vorrücken.

Wegstrecke: Gottesspuren

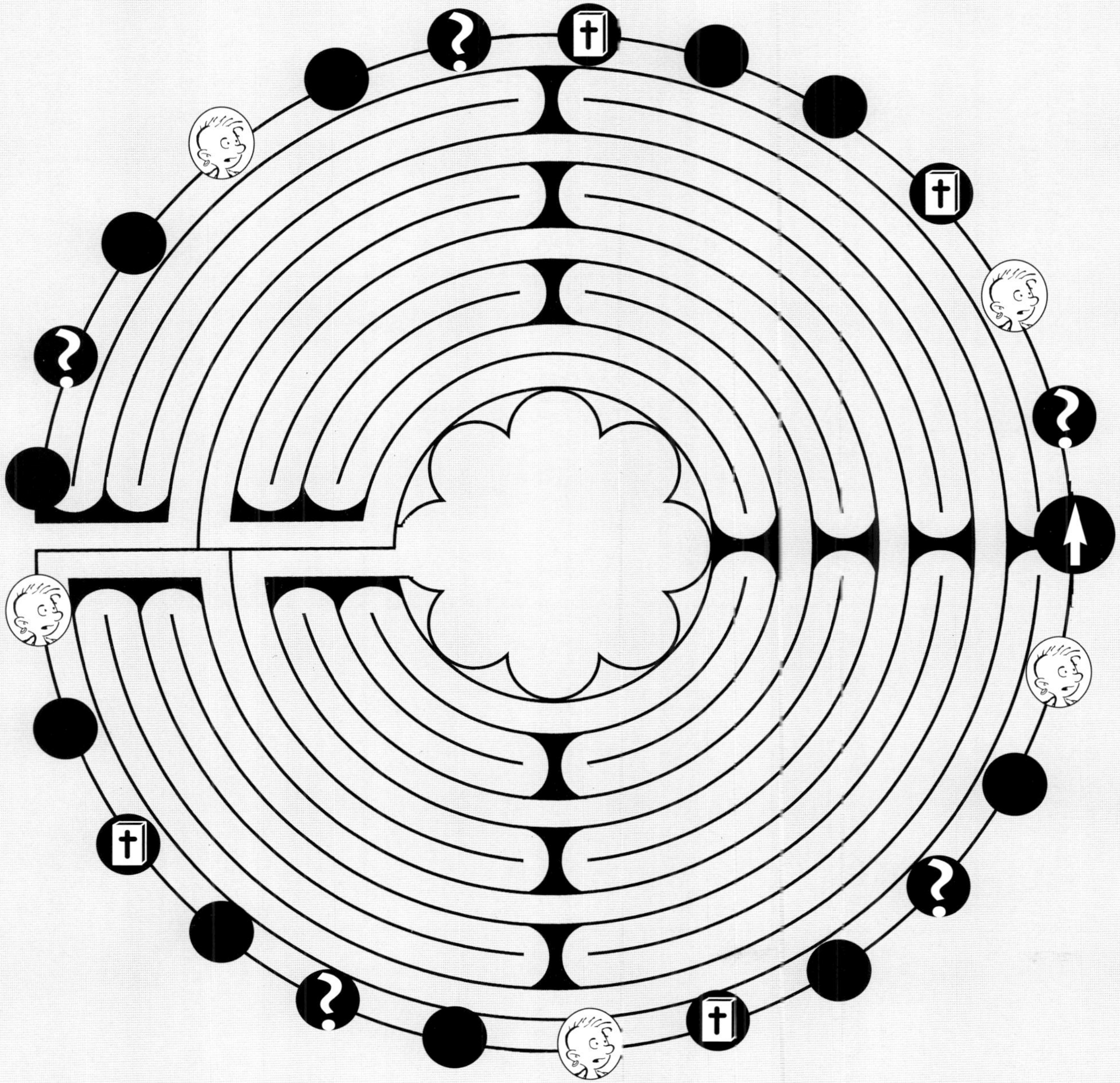

CHAMPION

15

14

13

12

11

10

9

8

7

6

5

4

3

2

START

1

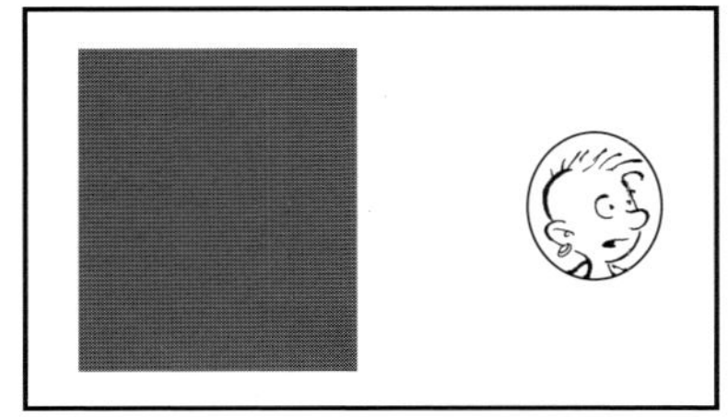

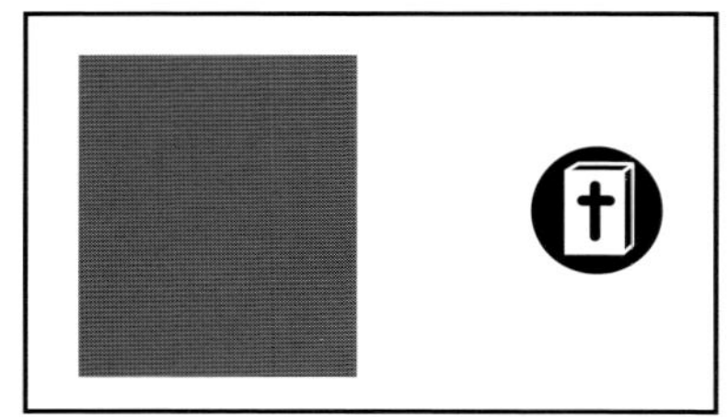

Wegstrecke: Gottesspuren

Glaubst du an Gott?	Interessiert dich, ob es einen Gott gibt?	Hast du manchmal Angst vor Gott?
Wann hast du zuletzt gebetet?	Wann fühlst du dich Gott besonders nahe?	Wann fühlst du dich von Gott im Stich gelassen?
Wann spürst du, dass es Gott gibt?	Ist es für dich wichtig, ob dein/e Freund/in an Gott glaubt?	In welchen Situationen zweifelst du an der Existenz Gottes?
Wann zweifelst du an der Existenz Gottes?	Was wäre in deinem Leben anders, wenn du nicht an Gott glauben würdest?	Welche Person hat deinen Glauben an Gott am stärksten beeinflusst?
Was würdest du Gott am liebsten einmal sagen?	Inwiefern beeinflusst der Glaube an Gott dein Verhalten?	Sprichst du mit Freundinnen und Freunden über deinen Glauben?
Wie stellst du dir Gott vor?	Wo hilft dir der Glaube an Gott im Leben?	Mit welchem Bild würdest du Gott beschreiben?
Wessen Gottesglaube hat dich beeindruckt?	Glaubst du, dass es einen strafenden Gott gibt?	

Wegstrecke: Gottesspuren

Genesis 1,1	Psalm 14,1	Johannes 1,18
Genesis 17,1	Psalm 25,5	Apostelgeschichte 5,29
Exodus 20,2	Psalm 46,2	Römerbrief 3,30
Numeri 26,12	Psalm 90,2	1. Korintherbrief 1,9
Hiob 33,12	Jesaja 12,2	2. Korintherbrief 5,19
Deuteronomium 6,5	Matthäus 19,26	1. Johannesbrief 4,8
Deuteronomium 32,3	Lukas 2,14	

Wegstrecke: Gottesspuren

Wer sollte nicht durch die Beobachtung und den sinnenden Umgang mit der von der göttlichen Weisheit geleiteten herrlichen Ordnung des Weltgebäudes zur Bewunderung des allwirkenden Baumeisters geführt werden! → *Nikolaus Kopernikus, deutscher Astronom* *Hermann Gemeiner, Gründer der SOS-Kinderdörfer*	Die Theologen bewahren die einzige Wahrheit, die tiefer reicht als die Rationalität der Neuzeit. Der Augenblick kommt unweigerlich immer wieder, in dem man, wenn das Planen scheitert, nach dieser Wahrheit fragt und fragen wird. *Karl Friedrich Gauß, deutscher Mathematiker* → *Carl Friedrich von Weizsäcker, deutscher Physiker und Philosoph*
Astronomie treiben heißt die Gedanken Gottes nachlesen. *Ulf Merbold, erster Deutscher im All* → *Johannes Kepler, deutscher Mathematiker und Astronom*	Wer immer weiß, zu welchem Gott er betet, wird nie erhört. *Erich Kästner, deutscher Schriftsteller* → *Erich Fried, deutschsprachiger Schriftsteller*
Die wunderbare Einrichtung und Harmonie des Weltalls kann nur nach dem Plane eines allwissenden und allmächtigen Wesens zustande gekommen sein. Das ist und bleibt meine letzte und höchste Erkenntnis. *Wernher von Braun, deutscher Raketenkonstrukteur* → *Isaak Newton, englischer Mathematiker*	Gott hat offenbar die einfachen Menschen geliebt, denn er hat so viele davon erschaffen. *Franz von Assisi, Ordensgründer* → *Abraham Lincoln, amerikanischer Präsident*
Ich habe niemals die Existenz Gottes verneint. Ich glaube, dass die Entwicklungstheorie absolut versöhnlich ist mit dem Glauben an Gott. - Die Unmöglichkeit des Beweisens und Begreifens, dass das großartige, über alle Maßen herrliche Weltall ebenso wie der Mensch zufällig geworden ist, scheint mir das Hauptargument für die Existenz Gottes. → *Charles Darwin, englischer Biologe* *Charles Dickens, englischer Schriftsteller*	Gott ist ein glühender Backofen voll Liebe. → *Martin Luther, Reformator* *Johannes vom Kreuz, deutscher Mystiker*
Jedem tiefen Naturforscher muss eine Art religiösen Gefühls nahe liegen, weil er sich nicht vorzustellen vermag, dass die ungemein feinen Zusammenhänge, die er erschaut, von ihm zum ersten Mal gedacht werden. Im unbegreiflichen Weltall offenbart sich eine grenzenlos überlegene Vernunft. → *Albert Einstein, Begründer der Relativitätstheorie* *Galileo Galilei, italienischer Mathematiker und Astronom*	Der Mensch kann nicht leben ohne ein dauerndes Vertrauen zu etwas Unzerstörbaren in sich, wobei sowohl das Unzerstörbare als auch das Vertrauen ihm dauernd verborgen bleiben können. Eine der Ausdrucksmöglichkeiten dieses Verborgenbleibens ist der Glaube an einen persönlichen Gott. *Franz Beckenbauer, Fußballspieler und Funktionär* → *Franz Kafka, deutscher Schriftsteller*
Der erste Trunk aus dem Becher der Naturwissenschaft macht atheistisch; aber auf dem Grund des Bechers wartet Gott. *Kardinal Joachim Meisner, Erzbischof von Köln* → *Werner Heisenberg, Physiker und Nobelpreisträger*	Wenn es keine Gott gibt, ist mir alles erlaubt. → *Fjodor Dostojewski, russischer Schriftsteller* *Ernst Bloch, deutscher Philosoph*

Wegstrecke: Gottesspuren

?

Das Gescheiteste, was ich von einem Gott je gehört habe, ist: er geht in Menschengestalt verkleidet umher.

Ludwig Erhardt, deutscher Politiker
→ *Ludwig Hohl, deutscher Schriftsteller*

?

Du musst Gott vertrauen können -
Gott hilft dir.
Du musst seinem Wort und ihm folgen können -
dann wirst du nie alleine sein.

Dieter Bohlen, Komponist und Sänger
→ *Dieter Thomas Heck, Fernsehmoderator*

?

Wer Glaube an Gott sät,
wird früher oder später doppelt und dreifach ernten.

→ *Toni Polster, österreichischer Fußballnationalspieler*
Heinz Rühmann, deutscher Schauspieler

?

Der Christ weiß, dass Gott größer ist als die Mächte dieser Welt. Diese Einsicht macht frei. Sie bewahrt vor der Illusion, selbst letztgültige Antworten auf alle Lebensfragen geben zu können.

Michael Schumacher, Rennfahrer
→ *Hans-Dietrich Genscher, ehemaliger Bundesaußenminister*

?

Jeder hat ein Bild vom lieben Gott.
Doch wahrscheinlich kann der liebe Gott gar nicht so sein, wie wir alle ihn uns vorstellen. Gott ist die versammelte Großzügigkeit und Menschenliebe.

Peter Hahne, Fernsehmoderator
→ *Hanns Dieter Hüsch, deutscher Kabarettist*

?

Bei Gott sitzen Sie in der ersten Reihe.

→ *Peter Hahne, Fernsehmoderator*
Novalis, Dichter

?

Wer von Gottes Liebe erfährt und sie annimmt, empfindet und lebt das als Befreiung, nicht als neue Knechtschaft. Er kann helfen, den Gesetzen des Hasses zu entkommen und seiner Umgebung, dieser Welt etwas von dem zu vermitteln, was sie mehr braucht als alles andere: Liebe.

→ *Johannes Rau, Bundespräsident*
Roman Herzog, ehemaliger Bundespräsident

?

Gott ist überall, sogar am Broadway. Seine Stimme hören wir aber nur in der Stille.

→ *Ernesto Cardenal, nicaraguanischer Schriftsteller*
John F. Kennedy, amerikanischer Präsident

?

Der Glaube an das Wort Gottes führt uns durch das Leben, gewährt Schutz, Hilfe und Geborgenheit.

→ *Egidius Braun, Präsident des Deutschen Fußballbundes*
Boris Becker, Tennisspieler

Wegstrecke: Der Schöpfergott

Anlässe / Themen

- Auseinandersetzung mit Gottesbild
- Auseinandersetzung mit biblischem Schöpfungsbericht
- Verantwortung für die Schöpfung
- Der Mensch als verantwortliches Wesen in Gottes Schöpfung

bis zu 15 Personen

1-2 Stunden

- Plakat DIN A2
- Bibel
- Klebstoff, Stifte

- Ernst Barlach „Der erste Tag"

Charakter der Einheit
Bildbetrachtung – Gespräch

Chancen

- Die Jugendlichen verstehen den Schöpfungsbericht als traditionelle orientalische Textgattung.
- Die Jugendlichen setzen sich mit dem biblischen Schöpfungsbericht auseinander.
- Die Jugendlichen überlegen, wie die biblische Erzählung auf dem Hintergrund der modernen wissenschaftlichen Evolutionstheorien zu verstehen ist.

Biblisch-theologischer Kontext
Gott hat die Schöpfung gemacht und er hat sie gut gemacht. Dem Menschen kommt in der Schöpfung als Ebenbild Gottes eine besondere Verantwortung zu (Gen 1,1ff und Gen 2,1ff).
Immer wieder staunen Menschen über die Wunder der Schöpfung und empfinden ein Gefühl der Dankbarkeit. Die Harmonie und die Schönheit der Schöpfung, die in vielen Psalmen besungen wird, ist ein Zugang zur Wirklichkeit Gottes, dem sich trotz säkularisiertem Weltbild auch heute viele Menschen öffnen können.

Mögliche Schwierigkeiten / weitere Hinweise
Die Jugendlichen werden die Schöpfungserzählungen zunächst anhand ihrer naturwissenschaftlichen Kenntnisse bewerten. Die Auseinandersetzung mit einer Koransure sollte nicht dazu führen, dass die Jugendlichen die Vorbehalte gegen die vermeintlich „unwissenschaftliche" Sicht der Bibel auf den Koran übertragen.

Verlauf der Einheit

Ernst Barlach, Der erste Tag

In der Mitte eines Plakats (DIN A2) klebt eine Kopie des Holzschnitts „Der erste Tag“ von Ernst Barlach. Der Katechet bittet die Jugendlichen, das Bild schweigend eine Minute lang zu betrachten. Er verrät nicht den Titel der Zeichnung. Zunächst sollen die Jugendlichen äußern, welche Charakteristika ihnen bei dem Werk auffallen. Anschließend sollen sie dem Werk eine Überschrift geben. Wenn jeder seinen Titelvorschlag vorgetragen hat, nennt der Katechet den Originaltitel. Die Jugendlichen können nun Vermutungen äußern, was Ernst Barlach mit seiner Darstellung über die Schöpfung aussagen wollte.

Schöpfung im Koran und in der Bibel

Im nächsten Schritt liest der Katechet einen Ausschnitt aus dem Koran vor. Er sollte zuvor darauf hinweisen, dass es sich bei der Sure um eine Überlieferung handelt, die den Muslimen heilig ist. Solch einem Text solle man stets mit dem gleichen Respekt begegnen wie den Überlieferungen der eigenen Religion. Evtl. kann der Katechet einige Informationen zum Koran geben. Der Bezug auf einen Korantext trägt dazu bei, Berührungsängste vor den Traditionslinien anderer monotheistischer Religionen abzubauen.

Der Koran

Entstanden ist dieses religiöse Werk um 650 n. Chr. in Arabien. Der Koran enthält die von Muhammed als Gottesbotschaft verkündeten Texte. Zunächst waren sie nur mündlich überliefert worden. Doch noch zu Lebzeiten des Propheten wurden sie in einem Buch mit 114 Suren zusammengefasst. Immer wieder greifen die Suren die Schöpfungstat Gottes auf. Jeder gläubige Muslim hört im Koran Gottes Wort.

„Es preist Gott alles, was im Himmel und auf der Erde ist. Sein ist das Reich, und sein ist das Lob. Er hat zu alledem die Macht. Er ist es, der euch erschaffen hat, worauf die einen von euch ungläubig, die anderen gläubig sind. Gott durchschaut wohl, was ihr tut.
Er hat Himmel und Erde geschaffen, und er hat euch geformt und schöne Gestalt gegeben. Bei ihm wird alles enden. Er weiß, was im Himmel und auf der Erde ist, was ihr geheim haltet und was ihr offenkundig tut. Gott weiß Bescheid über das, was die Menschen in ihrem Innern hegen.“
(Sure 64,1-4)

Die Jugendlichen äußern sich zu dieser Sure. Der Katechet fragt, woran dieser Text die Jugendlichen erinnert. Die Jugendlichen werden die erste biblische Schöpfungserzählung nennen. Der Katechet liest sie aus der Bibel (Gen 1) vor und erzählt, dass sich die Völker im Orient Schöpfungsgeschichten erzählten, die zahlreiche inhaltliche Parallelen aufweisen. Anschließend überlegen die Jugendlichen, welche inhaltliche Verwandtschaft ihnen zwischen den beiden Texten auffällt. Der Katechet weist darauf hin, dass es neben diesen inhaltlichen Parallelitäten auch formale Übereinstimmungen gibt. Ein wichtiger Punkt ist, dass die Schöpfungsgeschichten eben keine historischen Berichte darstellen, sondern von Menschen geschrieben wurden, die angesichts der Schönheit der Schöpfung voller Staunen und Dankbarkeit Gott lobten.

Wir loben Gott

Nun schreibt der Katechet den Satz „Ich lobe Gott für ...“ unter das Barlach-Motiv auf das Plakat. Während im Hintergrund meditative Musik gespielt wird, sollen die Jugendlichen aufschreiben, wie dieser Satz von ihnen vollendet werden kann („... die Natur“, „... meine Eltern“, „... meine Freunde“).

Wegstrecke: Der Schöpfergott

Ernst Barlach, Der erste Tag

Wegstrecke: Wenn mir Gott begegnen würde

Anlässe / Themen
- Gottesbilder
- Religiöse Aussagen in Rock- bzw. Popsongs
- „Ich kann mir unter Gott nichts vorstellen“

bis zu 10 Personen

1-2 Stunden

- Song „One of us“ von Joan Osborne (auf der CD „Menschen-Leben-Träume“)
- CD-Player
- Stifte

- Songtext „One of us“
- Blätter mit der Aufschrift „Wenn ich Gott begegnen würde, dann ...“

Charakter der Einheit
Musik hören – Stille – Diskussion – persönliches Gespräch.

Chancen
- Diese Katechese widmet sich dem Gottesbild der Jugendlichen und ermöglicht es, dass die Jugendlichen ihr eigenes Gottesbild hinterfragen.

- Im Gespräch lernen die Jugendlichen von den anderen Jugendlichen und nicht zuletzt vom Katecheten neue Gottesbilder kennen. Sie erfahren, dass unterschiedliche Glaubensvorstellungen ihre Berechtigung haben.

- Vom Katecheten können kritische (angstmachende, naive ...) Gottesbilder aufgegriffen und problematisiert werden. Wichtig ist dabei, dass der Katechet nicht auf dogmatische Formulierungen zurückgreift sondern persönlich Zeugnis gibt.

Biblisch-theologischer Kontext
„Für mich ist Gott ganz weit weg“, „Gott wohnt irgendwo da oben im Himmel“, „Ich weiß nichts von Gott“. So oder so ähnlich äußern sich immer wieder Jugendliche. Das entspricht jedoch nicht dem biblischen Gottesbild. Biblisch gesehen ist Gott derjenige, der mit den Menschen von Urzeit an eine Geschichte hat. Von Abraham über Jakob und Jesaja bis hin zu Jesus und seinen Jüngern schildert die Bibel immer wieder, welche Erfahrungen Menschen mit Gott machen.
Mit dem Christentum kommt ein wichtiges Element zur biblischen Gotteserfahrung hinzu: Jesus Christus, der als Mensch auf der Erde lebte, ist selbst Gott. Das gehört zum Kern der christlichen Botschaft. Wer Jesus begegnet, begegnet Gott. Und dieser Christus ist nicht tot, sondern er lebt. In jedem Menschen, der mir begegnet, kann ich Gott begegnen bzw. kann mir Gott begegnen (vgl. Mt 25,31ff).
Trotz des biblischen Bilderverbotes (vgl. Ex 20,4) finden sich in der Bibel zahlreiche Gottesbilder: Gott als Weinbergbesitzer (Jes 5,1ff), Gott als barmherziger Vater (Lk 15,11ff), Gott als Hirte (Ps 23) usw.

Mögliche Schwierigkeiten / weitere Hinweise
Vielen Jugendlichen wird der Song von Joan Osbourne bekannt sein, der u.a. auf der „Bravo Hits 13“ veröffentlicht wurde.
Interessant ist auch der Videoclip zu diesem Song. Wenn er vorhanden ist, sollte er im Rahmen der Katechese angeschaut werden.

Verlauf der Einheit

One of us

Die Gruppe hört sich gemeinsam den Song „One of us" von Joan Osbourne an. Jedem liegt eine Kopie des Textes in dt. und engl. Sprache vor (siehe Anhang). Anschließend teilen sich die Jugendlichen mit, welche Eindrücke sie von dem Lied haben. Im Gespräch sollte darauf geachtet werden, dass weniger die Musik als der Text im Vordergrund des Gespräches steht.

Zettelaktion

Jeder aus der Gruppe bekommt einen Zettel und einen Stift. Auf dem Zettel ist der Satzanfang geschrieben „Wenn mir Gott begegnen würde, dann…". Jeder Jugendliche ergänzt zunächst für sich alleine diesen Satz in Stille. Es ist auch möglich, dazu meditative Musik laufen zu lassen.

Vorlesen der Texte

Der Reihe nach werden die Texte der Jugendlichen vorgelesen. In diesem Schritt werden die Texte und Ideen, die den Jugendlichen zu diesem Satz gekommen sind, nur vorgetragen. Es soll keine Wertung stattfinden. Der Katechet soll darauf hinweisen, dass jede Aussage ihre Berechtigung hat. Es gibt bei dieser Übung kein richtig und kein falsch.

Austausch

Nun findet ein Gespräch über die Texte statt. Impulsfragen für ein Gespräch können sein:

- Welche Aussage hat mich am meisten fasziniert?
- Welche Aussage stößt mich eher ab?
- Ist dir Gott in deinem Leben tatsächlich schon mal begegnet?
- Wie könnte eine Gottesbegegnung aussehen?
- Kann man an Gott glauben ohne zu erleben, dass es ihn gibt?

Abschluss

Die Katechese kann abgerundet werden, indem sich die Gruppe noch einmal den Song von Joan Osbourne anhört.

Wegstrecke: Wenn mir Gott begegnen würde

One of us

If God had a name
Wenn Gott einen Namen hätte,
what would it be?
wie würde er lauten?
And would you call it to his face
Und würdest du ihn mit seinem Namen ansprechen,
if you'd be faced with him in all
wenn du ihm in all seiner Pracht von Angesicht zu
his glory?
Angesicht gegenüberstehen würdest?
What would you ask if you had just
Was würdest du ihn fragen, wenn du nur eine
one question?
Frage stellen könntest?

Refr.: And yeah yeah, God is great
Refr.: Es ist echt so: Gott ist groß!
yeah, yeah, God is good!
Wirklich wahr: Gott ist gut!
yeah, yeah, yeah, yeah!
Ja, ja und nochmals ja!
What if God was one of us?
Was wäre, wenn Gott einer von uns ist?
Just a slough like one of us?
Genauso eine „alte Haut" wie einer von uns?
Just a stranger on the bus,
Oder wie ein Fremder, der dir im Bus gegenübersitzt,
tryin' to make his way home?
einer, der versucht, den Heimweg zu finden?

If God had a face
Wenn Gott ein Gesicht hätte,
what would it look like?
wie würde es aussehen?
And would you wanna see
Und würdest du ihn sehen wollen,
if seein' meant that you would have
wenn sehen bedeutete, dass du an so Sachen
to believe
glauben müsstest,
in things like heaven and in Jesus
wie an den Himmel und an Jesus,
and the saints and all the prophets?
an die Heiligen und an alle Propheten?

Refr. 2 and 3: It's yeah, yeah ...
Refr. 2 und 3: Es ist echt so ...
tryin' to make his way home
einer, der versucht, den Heimweg zu finden,
like a holy Rolling Stone
wie ein heiliger „rollender Stein".
back up to heaven all alone
Ganz allein zurück in den Himmel.
nobody call him on the phone
Niemand ruft ihn an.
except for the pope maybe in Rome.
Außer vielleicht der Papst in Rom.

Eric Brazilian

Wegstrecke: Einstellungen zu Gott

Anlässe / Themen

- Gottesbilder
- Unter Gott kann ich mir nichts vorstellen
- Themenorientiertes Kennenlernen von anderen Jugendlichen

mindestens 10 Personen

1 Stunde

- Kreppband
- Freier Raum

- Text „Gott ist anders" von Leo Tolstoi
- Die Begriffe (siehe Vorlage) vergrößern

Charakter der Einheit

Kreativität – Diskussion – Spiel – Stille – Aktion – Liturgische Feier – Meditation

Chancen

- Die eigenen Gottesbilder bewusst machen, aber auch hinterfragen.
- Gottesbilder der Jugendlichen kennen lernen.
- Fragen und Themen der Jugendlichen erfragen.

Biblisch-theologischer Kontext

„Einen Gott, den es gibt, gibt es nicht." Gott ist immer anders, als Menschen ihn sich denken. Kein Mensch hat Gott je gesehen (1 Joh 4,12).

Mögliche Schwierigkeiten / weitere Hinweise

Der Katechet sollte in der Kleingruppenphase sehr bewusst beobachten, wie sich die Gruppen bilden. So kann er einen guten Einblick von den Gottesbildern bekommen, die die Jugendlichen seiner Gruppe haben. Denkbar ist, dass sich für diese Einheit zwei Gruppen zusammentun oder dass diese Einheit bei einem Treffen aller Firmgruppen eingesetzt wird.

Verlauf der Einheit

Einstimmung

Die Gruppe versammelt sich in der Mitte eines (möglichst freien) Raumes. Der Katechet liest den Text „Gott ist anders“ von Leo Tolstoi vor. Es tut gut, sich der Vorläufigkeit des eigenen Gottesbildes immer wieder bewusst zu werden und sich mit anderen darüber auszutauschen.

Vier Ecken

Nacheinander wird nun jeweils ein Begriff in eine der vier Ecken des Raumes gehängt. Die Jugendlichen haben die Aufgabe, sich die Begriffe jeweils kurz anzuschauen und sich anschließend zu dem Begriff zu stellen, der ihrer Meinung nach Gott am ehesten charakterisiert. So bilden sich bis zu vier Gruppen. Diese haben ca. zehn Minuten Zeit, um sich darüber auszutauschen, warum sie sich für den jeweiligen Begriff entschieden haben. Der Blick der Gruppen kann auch auf das Gesamtbild gelenkt werden, das entsteht (Wie ist die Gruppenverteilung? Wo stehen die meisten bzw. die wenigsten Jugendlichen? Wie geht es mir damit?). Sollte in einer Ecke nur ein Jugendlicher stehen, kann der Katechet sich dazustellen, um ein Gespräch zu ermöglichen. Anschließend versammelt sich die Gruppe wieder in der Mitte des Raumes, und es werden vier neue Begriffe in die Ecken gehängt. Diese Methode sollte nicht öfter als dreimal wiederholt werden, da die Jugendlichen sonst die Motivation verlieren.

Abschluss

Zum Abschluss versammelt sich die Gruppe im Kreis. Die Jugendlichen tauschen in einer lockeren Runde ihre Eindrücke, die sie im Verlauf dieser Einheit gemacht haben, aus. Auch der Katechet teilt mit, was ihm als externer Beobachter aufgefallen ist. Auf einem Plakat werden Themen der Jugendlichen festgehalten. Es sollte in der Gruppe vereinbart werden, welche Themen bei weiteren Treffen noch einmal aufgegriffen werden sollten.

Wegstrecke: Einstellungen zu Gott

Gott ist anders

Wenn dir der Gedanke kommt,
dass alles, was du über Gott gedacht hast,
verkehrt ist und
dass es keinen Gott gibt,
so gerate darüber nicht in Bestürzung.
Es geht allen so.
Glaube aber nicht,
dass dein Unglaube daher rührt,
dass es keinen Gott gibt.
Wenn du nicht mehr an Gott glaubst,
an den du früher glaubtest,
so rührt das daher,
dass in deinem Glauben etwas verkehrt war,
und du musst dich bemühen,
besser zu begreifen,
was du Gott nennst.
Wenn ein Wilder an seinen hölzernen Gott
zu glauben aufhört,
so heißt das nicht,
dass es keinen Gott gibt,
sondern nur,
dass er nicht aus Holz ist.

Leo Tolstoi

Begriffs-Kärtchen

Vater	Schöpfer	Allmächtig
Richter	Geist	Barmherzig
König	Energie	Treu
Freund	?	Liebend

Jesus Christus

Wegstrecke: Die neunundzwanzig Namen Jesu

Anlässe / Themen

- Jesus Christus
- Wer ist Christus für mich?

bis zu 10 Personen

1 Stunde

- Plakat (DIN A2)
- Stifte
- evtl. Decken als Unterlagen

- Text „Neunundzwanzig Namen für Jesus von Nazareth“

Charakter der Einheit
Meditation

Chancen

- Die Jugendlichen werden mit verschiedenen Zugängen zu Christus konfrontiert.
- Die Jugendlichen erkennen, dass die Person Christi sich nicht mit einem Begriff benennen lässt, sondern dass Reden über Christus stets nur eine Annäherung an das Unsagbare bleiben muss.

Biblisch-theologischer Kontext
Angesichts der Person Jesu von Nazareth scheiden sich schon zu seinen Lebzeiten die Geister (Lk 9,18ff). Die Begegnung mit Jesus fordert auch heute noch dazu heraus, Position zu beziehen.
Jede Zeit hat ihr eigenes Jesusbild (Jesus der Aufrührer, der Friedensstifter, der Sanftmütige, der Richter). Welchem Jesusbild auch immer man anhängt, es muss sich an der Überlieferung der Bibel messen und ggf. auch korrigieren lassen.

Mögliche Schwierigkeiten / weitere Hinweise
Die Einheit hat einen meditativen Charakter und lässt sich nur in den Gruppen durchführen, die bereits mit ruhigen Elementen vertraut sind.
Wichtig ist bei der Eingangsmeditation, dass die Teilnahme den Jugendlichen ausdrücklich freigestellt wird.
Sollte der Katechet im Verlauf der Meditation merken, dass einzelne Teilnehmer überfordert sind und mit ihrem Verhalten stören, sollte er diese Jugendlichen freundlich auffordern, den Raum für den weiteren Verlauf der Meditation zu verlassen.

Verlauf der Einheit

Neunundzwanzig Namen für Jesus von Nazareth

Der Katechet erläutert kurz, dass die folgende Meditation in einer ruhigen Atmosphäre stattfinden soll. Er stellt die Teilnahme an der Meditation frei und fordert ausdrücklich dazu auf, schon jetzt den Raum zu verlassen, wenn jemand nicht an der Meditation teilnehmen möchte. Nun legen sich die Jugendlichen auf den Boden (oder setzen sich um eine gestaltete Mitte) und schließen die Augen. Der Katechet gibt den Jugendlichen Zeit, mit ihren Gedanken zur Ruhe zu finden. Mit einigen Bemerkungen kann er dies unterstützen: „Wir werden jetzt langsam ruhig und schließen die Augen. Wir hören zwar noch einige Geräusche um uns herum, doch wir beachten sie nicht. Entspannt liegen wir auf dem Boden (sitzen wir auf dem Stuhl). Wir spüren die Stellen, mit denen unser Körper den Boden (den Stuhl) berührt - die Fersen, die Oberschenkel, das Gesäß, den Rücken, die Schulterblätter, die Ellenbogen, die Hände, den Hinterkopf. Wir achten auf unsere Atmung. Ganz langsam atmen wir aus ... und ein ... und aus ...“ Wenn die Jugendlichen zur Ruhe gefunden haben, liest der Katechet den Text „Die neunundzwanzig Namen für Jesus von Nazareth“ vor. Nachdem der Text vorgelesen wurde, sollte eine Zeit der Stille folgen. Dann fordert der Katechet die Jugendlichen auf, wieder auf ihre Atmung zu achten und die Meditation zu beenden: „Wir achten nun wieder auf unsere Atmung. Ganz langsam atmen wir aus ... und ein ... und aus. Wir bewegen nun langsam unsere Zehen und Finger. Jetzt öffnen wir unsere Augen und stehen auf.“

Mit seinen „Neunundzwanzig Namen für Jesus von Nazareth“ knüpft Huub Oosterhuis an die muslimische Tradition an, nach der es 99 Namen für Allah gibt. Gläubige Muslime rufen Gott / Allah mit folgenden Namen an:

Der Erbarmer / der Barmherzige / der König / der Heilige / der ohne Mängel und voller Frieden ist / der Treue, der ewige Sicherheit gibt / der fürsorgliche Bewahrer / der einzigartig Mächtige / der Superstarke / der in sich Erhabene und Stolze / der Schöpfer / der alles erschaffende Urheber / der Bildner und Gestalter / der viel Vergebende / der unwiderstehliche Eroberer / der reichlich gebende Begaber / der Versorger / der Verschlossenes öffnet und siegt / der Allwissende / der Zupackende / der Zusammenziehende / der Ausbreitende / der Erniedrigende / der Emporhebende / der Macht Gebende / der Demütigende / der Hörende / der Schauende / der Herrschende / der Gerechte und die Gerechtigkeit / der linde Freundliche / der alles versteht und beherrscht / der sanfte Gütige / der Gewaltige und Herrliche / der Vergebende / der sich dankbar Zeigende/ der hohe Erhabene, der Große, der Bewahrende in Vollmacht / der Nährende / der Rechner/ der Majestätische / der edle Großmütige / der genaue Beobachter/ der Erhörer des Gebetes / der alles Umfassende / der Weise / der Sympathie zu Geschöpfen hat / der Herrliche / der Sendende aus dem Tod ins Leben / der Zeuge / der alles weiß / das Recht und die Wirklichkeit / der alles mit Vollmacht ausführt / der starke Kraftvolle / der standhafte Zuverlässige / der freundliche Schutzherr / der lobenswürdige Preiswürdige / der Rechner und Statistiker / der allen Anfang setzt / der Zurückbringende / der Lebendigmacher / der Tötende / der Lebendige / der in sich selbst Existierende / der Seiende und Finder / der Verherrlichte / der Eine und Einzige / der Ewige / der Mächtige / der Fähige / der Vorwärtsbringer / der Aufhaltende / der Erste / der Letzte / der Äußere und sichtbar Erscheinende / der regierende Herrscher / der Erhabene / der gerechte Wohltäter / der sich umwendet und Buße verursacht / der Rächer / der Begnadigende / der mitleidige Nachsichtige / der allen Besitz völlig kontrolliert / dem alle Majestät und Ehre zusteht / der jedem das Recht zuteilt / der alles Zusammenfassende / der Reiche und der sich selbst Genügende / der reich Machende / der Geber / der verbietende Verhinderer / der Schaden Verursachende / der nützliche Förderer / das Licht / der Führer und Leiter / der unvergleichlich Prächtige / der bleibende Ewige / der Erbende / der die richtige Leitung besitzt / der Geduldige.

nach Adel Theodor Khoury

Metaphermeditation

Der Katechet legt ein Plakat in die Mitte und schreibt darauf den Satzanfang „Jesus ist für mich wie…“ Er bittet die Jugendlichen, diesen Satzanfang fortzusetzen (… ein Freund, … ein großer Unbekannter, … ein Vorbild etc.). Während dieser Metaphermeditation sollte nicht gesprochen werden. Es ist nicht zulässig, die schriftlichen Äußerungen der anderen zu kommentieren.

Vorstellen der Metaphern

Anschließend hängt der Katechet das Plakat auf und bittet die Jugendlichen, ihre Metaphern den anderen vorzustellen und kurz zu begründen, was sie mit den Metaphern ausdrücken möchten. Wenn alle Metaphern vorgestellt wurden, sollen die Jugendlichen überlegen, ob sie sich gemeinsam auf eine Metapher einigen können und wollen, die der Person Jesu gerecht wird. Im Gespräch sollen die Jugendlichen erkennen, dass es die allgemein verbindliche Aussage über Jesus nicht geben kann, alle menschlichen Formulierungen bleiben stets nur Annäherungen an das Unsagbare. Der Katechet sollte drauf hinweisen, dass es nicht den allgemein verbindlichen Zugang zu Jesus gibt, jeder muss seinen eigenen Zugang zur Person Jesu finden. Dabei kann jedoch ein Austausch helfen, bei dem man sich gegenseitig bereichert.

Neunundzwanzig Namen für Jesus von Nazareth

Nächster. Fremder. Jude. Same.
Baum an der Quelle. Bräutigam. Weg.

Traummensch. Offene Tür. Eckstein.
Schlüssel. Löwe Judas. Lamm. Gerechter.

Hirte. Perle. Zweig. Fisch. Brot.
Wort. Weinstock. Sohn des ... Gott. Knecht.

Ströme lebendigen Wassers. Morgenstern.
Bahnbrecher. Einziger. Unsagbar Gesagter.

Huub Oosterhuis

Wegstrecke: Die Biographie Gottes

Anlässe / Themen

- Auseinandersetzung mit dem historischen Jesus
- Wer ist Jesus Christus für mich?

bis zu 10 Personen

2 Stunden

- mehrere Exemplare der Bibel

- Text „Die Biographie Gottes“
- Arbeitsblatt „Die Biographie Gottes“

Charakter der Einheit
Spiel – Gespräch

Chancen

- Die Jugendlichen werden mit den biblischen Aussagen über Jesus von Nazareth konfrontiert.
- Die Jugendlichen üben den Umgang mit der Bibel.
- Die Jugendlichen setzen sich mit der Frage auseinander, inwiefern man Jesus als Gott bezeichnen kann.

Biblisch-theologischer Kontext
Gegensatz zwischen historischem Jesus und kerygmatischem Christus.

Mögliche Schwierigkeiten / weitere Hinweise
Der Text „Die Biographie Gottes“ provoziert mit seiner nüchternen Beschreibung des Lebens Jesu und der Gleichsetzung Jesu mit Gott. Die Jugendlichen benötigen Sprachgefühl, um diesen skandalösen Kontrast zu empfinden. Wenn sie nicht in der Lage sind, ihn aufzuarbeiten, kann die folgende Einheit ihnen helfen, einen Überblick über das Leben des historischen Jesus zu gewinnen und mit dem Gebrauch der Bibel vertraut zu werden.

Verlauf der Einheit

Die Biographie Gottes

Der Katechet liest den Text „Die Biographie Gottes“ von Peter Handke vor. Er macht einige kurze Angaben zum Schriftsteller (Peter Handke, geb. 1942 in Griffen/Österreich, setzte sich in seinem Werk zunächst kritisch mit den Sprach- und Bewusstseinsklischees auseinander und erregte mit seinen bewusst skandalerregenden Stücken [Publikumsbeschimpfung] großes Aufsehen. Später wandte er sich einer realistischen Schreibweise zu. Hauptthema blieb jedoch die Entfremdung zwischen Subjekt und Umwelt). Die Jugendlichen äußern sich zunächst spontan zu der gerade gehörten „Biographie“ Gottes.

Stimmen die Angaben?

Für den folgenden Schritt teilen sich die Jugendlichen in Dreiergruppen auf. Sie erhalten Arbeitsblätter, auf denen der Text „Die Biographie Gottes“ in einzelne Sinnabschnitte gegliedert wurde. Nun suchen die Jugendlichen im Neuen Testament nach Bibelstellen, mit denen sie die von Handke getroffenen Aussagen belegen können, und notieren sie auf dem Arbeitsblatt. Der Umgang mit der Bibel wird für viele Jugendliche fremd sein. Deshalb sollte der Katechet darauf hinweisen, dass sich die entsprechenden Stellen nur in den vier Evangelien finden lassen. Auch sollte darauf geachtet werden, dass für diesen Schritt genug Zeit (45 Minuten) zur Verfügung steht.

Vergleich und Gespräch

Nachdem die vereinbarte Zeit verstrichen ist, kommen die Gruppen wieder zusammen und vergleichen ihre Ergebnisse. Die Jugendlichen stellen den anderen die gefundenen Bibelstellen vor, mit denen sie die Aussagen im Text von Peter Handke belegen können. So wird geklärt, dass die Biographie Gottes zunächst einmal einen biblischen Hintergrund hat. Anschließend wirft der Katechet die Frage auf, ob der literarische Text mit seiner kühlen und sachlichen Diktion der Person und dem Wirken Jesu gerecht wird. Inwiefern trifft die Überschrift „Die Biographie Gottes“ auf die sachliche Beschreibung des Lebens Jesu zu? Interessant ist die Frage, wo der Text von Peter Handke inhaltlich von der biblischen Überlieferung abweicht und wo der Schriftsteller eigene Aspekte in seine Biographie einfügt. Warum macht er dies? Was will er damit beim Leser auslösen?

Wegstrecke: Die Biographie Gottes

Lebensbeschreibung

Gott erblickte das Licht der Welt in der Nacht vom vierundzwanzigsten zum fünfundzwanzigsten Dezember.

Die Mutter Gottes wickelte Gott in Windeln. Auf einem Esel flüchtete er sodann nach Ägypten. Als seine Taten verjährt waren, kehrte er in sein Geburtsland zurück, weil er fand, dass dort der Ort sei, an welchem ein jeder am besten gedeihen könnte. Er wuchs auf im Stillen und nahm zu an Alter und Wohlgefallen. Es litt ihn in der Welt. Er wurde die Freude seiner Eltern, die alles daran setzten, aus ihm einen ordentlichen Menschen zu machen. So lernte er nach einer kurzen Schulzeit das Zimmermannshandwerk. Dann, als seine Zeit gekommen war, legte er, sehr zum Verdruss seines Vaters, die Hände in den Schoß.

Er trat aus der Verborgenheit. Es hielt ihn nicht mehr in Nazareth. Er brach auf und verkündete, dass das Reich Gottes nahe sei. Er wirkte auch Wunder. Er sorgte für Unterhaltung bei Hochzeiten. Er trieb Teufel aus. Einen Schweinezüchter brachte er auf solche Art um sein Eigentum. In Jerusalem verhinderte er eines Tages im Tempel den geregelten Geldverkehr. Ohne das Versammlungsverbot zu beachten, sprach er oft unter freiem Himmel. Aus der Langeweile der Massen gewann er einigen Zulauf. Indes predigte er meist tauben Ohren.

Wie später die Anklage sagte, versuchte er, das Volk gegen die Obrigkeit aufzuwiegeln, indem er ihm vorspiegelte, er sei der ersehnte Erlöser. Anderseits war Gott kein Unmensch. Er tat keiner Fliege etwas zuleide. Niemandem vermochte er auch nur ein Haar zu krümmen.

Er war nicht menschenscheu. Unbeschadet seines ein wenig großsprecherischen Wesens, war er im Grunde harmlos.

Immerhin hielten einige Gott für besser als gar nichts. Die meisten jedoch erachteten ihn für so gut wie gar nichts.

Deshalb wurde ihm ein kurzer Prozess gemacht. Er hatte zu seiner Verteidigung wenig vorzubringen. Wenn er sprach, sprach er nicht zur Sache. Im übrigen blieb er bei seiner Aussage, dass er der sei, der er sei. Meist aber schwieg er. Am Karfreitag des Jahres dreißig oder neununddreißig nach der Zeitwende wurde er, in einem nicht ganz einwandfreien Verfahren, ans Kreuz gehenkt. Er sagte noch sieben Worte.

Um drei Uhr am Nachmittag, bei sonnigem Wetter, gab er den Geist auf. Zur gleichen Zeit wurde in Jerusalem ein Erdbeben von mittlerer Stärke verzeichnet. Es ereigneten sich geringe Sachschäden.

Peter Handke

Wegstrecke: Die Biographie Gottes

Arbeitsblatt

Die Biographie Gottes	Bibelstellen
Gott erblickte das Licht der Welt in der Nacht vom vierundzwanzigsten zum fünfundzwanzigsten Dezember. Die Mutter Gottes wickelte Gott in Windeln.	
Auf einem Esel flüchtete er sodann nach Ägypten. Als seine Taten verjährt waren, kehrte er in sein Geburtsland zurück, weil er fand, dass dort der Ort sei, an welchem ein jeder am besten gedeihen könnte.	
Er wuchs auf im Stillen und nahm zu an Alter und Wohlgefallen. Es litt ihn in der Welt. Er wurde die Freude seiner Eltern, die alles daran setzten, aus ihm einen ordentlichen Menschen zu machen. So lernte er nach einer kurzen Schulzeit das Zimmermannshandwerk. Dann, als seine Zeit gekommen war, legte er, sehr zum Verdruss seines Vaters, die Hände in den Schoß.	
Er trat aus der Verborgenheit. Es hielt ihn nicht mehr in Nazareth. Er brach auf und verkündete, dass das Reich Gottes nahe sei.	
Er wirkte auch Wunder.	
Er sorgte für Unterhaltung bei Hochzeiten.	
Er trieb Teufel aus.	
Einen Schweinezüchter brachte er auf solche Art um sein Eigentum.	
In Jerusalem verhinderte er eines Tages im Tempel den geregelten Geldverkehr.	
Ohne das Versammlungsverbot zu beachten, sprach er oft unter freiem Himmel. Aus der Langeweile der Massen gewann er einigen Zulauf. Indes predigte er meist tauben Ohren.	
Wie später die Anklage sagte, versuchte er, das Volk gegen die Obrigkeit aufzuwiegeln, indem er ihm vorspiegelte, er sei der ersehnte Erlöser. Anderseits war Gott kein Unmensch. Er tat keiner Fliege etwas zuleide. Niemandem vermochte er auch nur ein Haar zu krümmen. E r war nicht menschenscheu. Unbeschadet seines ein wenig großsprecherischen Wesens, war er im Grunde harmlos. Immerhin hielten einige Gott für besser als gar nichts. Die meisten jedoch erachteten ihn für so gut wie gar nichts.	
Deshalb wurde ihm ein kurzer Prozess gemacht. Er hatte zu seiner Verteidigung wenig vorzubringen. Wenn er sprach, sprach er nicht zur Sache. Im übrigen blieb er bei seiner Aussage, dass er der sei, der er sei. Meist aber schwieg er.	
Am Karfreitag des Jahres dreißig oder neununddreißig nach der Zeitwende wurde er, in einem nicht ganz einwandfreien Verfahren, ans Kreuz gehenkt. Er sagte noch sieben Worte.	
Um drei Uhr am Nachmittag, bei sonnigem Wetter, gab er den Geist auf. Zur gleichen Zeit wurde in Jerusalem ein Erdbeben von mittlerer Stärke verzeichnet. Es ereigneten sich geringe Sachschäden.	

Wegstrecke: Das Abendmahl

Anlässe / Themen
- Jesus Christus
- Eucharistie
- Sakramente

bis zu 10 Personen

1 Stunde

- Ausschnitt aus „Das letzte Abendmahl“ von Leonardo da Vinci
- Sprechblasen aus Papier

- Karten „Ich habe Hunger“

Charakter der Einheit
Meditation – Stille – Kreativität – Gespräch

Chancen
- Die Jugendlichen setzen sich mit ihrem Eucharistieverständnis auseinander.
- Die Jugendlichen überlegen, wann Jesus für sie zum Brot des Lebens wird.
- Die Jugendlichen lernen, über ihre Beziehung zu Jesus Christus zu sprechen.

Biblisch-theologischer Kontext
Jesus ist das Brot des Lebens (Joh 6,32 – 59).
Jesus bietet sich immer wieder den Menschen als Lernmodell für gelingendes Leben an. An ihm ist abzulesen, wie gelungenes Menschsein in Beziehung mit Gott verwirklicht werden kann. Wer sich Jesu Lebensstil ganz einverleibt, dem ist Leben in Fülle zugesagt (vgl. Joh 10,10).

Mögliche Schwierigkeiten / weitere Hinweise
Bewusst wird in dieser Einheit von Jesus als dem Brot des Lebens gesprochen und nicht (im Umkehrschluss) vom Brot als Jesus. So soll den Jugendlichen ein Zugang zur Eucharistie unabhängig von theologischen Denkmodellen (Transsubstantiation, Transfinalisation etc.) ermöglicht werden.

Jesus Christus

Verlauf der Einheit

Das letzte Abendmahl

Zu Beginn betrachten die Jugendlichen das Bild „Das letzte Abendmahl" von Leonado da Vinci aus dem 15. Jahrhundert. Die Jugendlichen beschreiben zunächst das Bild. Der Katechet gibt einige Informationen zum Werk. (9,04 Meter lang und 4,22 Meter hoch, in Öl und Tempera auf Mauerwerk, Harz und Pech als Grundierung. Leonardo da Vinci hat mit dem Gemälde die Nordwand eines Refektoriums gestaltet, in dem die Dominikanermönche ihre Mahlzeiten einnahmen. Leonardo hat über Jahre hinweg in unregelmäßigen Abständen an dem Werk gearbeitet). Anschließend teilt er die Sprechblasen aus und bittet die Jugendlichen, jeder dargestellten Person einen Satz in den Mund zu legen. Was könnten die Jünger gerade denken bzw. sagen? In einem weiteren Schritt überlegen die Jugendlichen, mit welcher Person auf dem Bild sie sich am ehesten identifizieren. Welchen Platz würden sie gerne einnehmen? Wie nahe würden sie sich beim letzten Abendmahl in Jesu Nähe setzen?

Ich habe Hunger

Beim letzten Abendmahl vergleicht sich Jesus mit Brot. Er wird für seine Jünger und Freunde zum Brot des Lebens. Der Katechet hat das Arbeitsblatt „Ich habe Hunger" kopiert und Karten ausgeschnitten, auf denen geschrieben steht, worauf Menschen Hunger haben. Er legt diese Karten aus. Reihum wählen die Jugendlichen nun eine Karte aus, die auf Ihr Leben zutrifft. Sie lesen vor, worauf sie in ihrem Leben Hunger verspüren und überlegen, inwiefern Jesus diesen Hunger stillt.

Brot des Lebens

Der Katechet liest abschließend den Text aus dem Johannesevangelium vor, in dem Jesus sich als Brot des Lebens bezeichnet. Er bittet die Jugendlichen, genau hinzuhören, damit jeder im Anschluss den Satz aus dem Text wiederholen kann, den er am wichtigsten findet.

Am nächsten Tag sah die Menge, die am anderen Ufer des Sees geblieben war, dass nur noch ein Boot dort lag, und sie erfuhren, dass Jesus nicht mit seinen Jüngern ins Boot gestiegen war, sondern dass die Jünger allein abgefahren waren. Von Tiberias her kamen andere Boote in die Nähe des Ortes, wo sie nach dem Dankgebet des Herrn das Brot gegessen hatten. Als die Leute sahen, dass weder Jesus noch seine Jünger dort waren, stiegen sie in die Boote, fuhren nach Kafarnaum und suchten Jesus. Als sie ihn am anderen Ufer des Sees fanden, fragten sie ihn: Rabbi, wann bist du hierher gekommen? Jesus antwortete ihnen: Amen, amen, ich sage euch: Ihr sucht mich nicht, weil ihr Zeichen gesehen habt, sondern weil ihr von den Broten gegessen habt und satt geworden seid. Müht euch nicht ab für die Speise, die verdirbt, sondern für die Speise, die für das ewige Leben bleibt und die der Menschensohn euch geben wird. ... Jesus sagte zu ihnen: Amen, amen, ich sage euch: Nicht Mose hat euch das Brot vom Himmel gegeben, sondern mein Vater gibt euch das wahre Brot vom Himmel. Denn das Brot, das Gott gibt, kommt vom Himmel herab und gibt der Welt das Leben. Da baten sie ihn: Herr, gib uns immer dieses Brot! Jesus antwortete ihnen: Ich bin das Brot des Lebens; wer zu mir kommt, wird nie mehr hungern, und wer an mich glaubt, wird nie mehr Durst haben.
Joh 6, 22-59

Wegstrecke: Das Abendmahl

Ich habe Hunger

Ich habe Hunger auf Liebe	Ich habe Hunger auf einen Menschen, der mutige Worte spricht.	Ich habe Hunger auf einen Menschen, der mich nicht allein lässt.
Ich habe Hunger auf einen Menschen, der Verständnis zeigt	Ich habe Hunger auf einen Menschen, der für die Armen da ist.	Ich habe Hunger auf einen Menschen, der zu seinem Wort steht.
Ich habe Hunger auf ewiges Leben.	Ich habe Hunger auf einen Menschen, der nicht nur ans Geld denkt.	Ich habe Hunger auf einen Menschen, auf den ich mich verlassen kann.
Ich habe Hunger auf einen Sinn für mein Leben.	Ich habe Hunger auf einen Menschen, der sich nicht blind im Menschenstrom bewegt.	Ich habe Hunger auf einen Menschen, der lachen und weinen kann.
Ich habe Hunger auf Zuneigung.	Ich habe Hunger auf einen Menschen, der mir zuhört.	Ich habe Hunger auf einen Menschen, der mich heil macht.
Ich habe Hunger auf einen Menschen, der von Gott erzählt.		

Wegstrecke: Wer war Jesus Christus?

Anlässe / Themen
- Jesus Christus
- Der historische Jesus

bis zu 15 Personen

1 Stunde

- Papier, Stifte

- Arbeitsblatt „Jesus-ABC“
- Fragekarten „Das Jesus-Quiz“

Charakter der Einheit
Spiel

Chancen
- Die Jugendlichen tragen ihr Wissen über den historischen Jesus zusammen.
- Die Jugendlichen erweitern ihr Wissen über den historischen Jesus.
- Probleme mit bestimmten biblischen Aussagen können ausgeräumt werden.

Biblisch-theologischer Kontext
Durch die exegetische Forschung wurde deutlich, dass vieles, was wir über Jesus aus der Bibel erfahren, nicht als historischer Bericht, sondern als Glaubensaussage geschrieben ist.

Mögliche Schwierigkeiten / weitere Hinweise
Vielen Jugendlichen fehlt grundlegendes religiöses Wissen. Das Quiz will diese Wissenslücken schließen.

Verlauf der Einheit

Das Jesus ABC

Der Katechet hat ein Blatt mit dem Titel „Das Jesus-ABC“ vorbereitet, bei dem am linken Rand das Alphabet vorgegeben ist. Die Jugendlichen verteilen sich im Raum. Jeder erhält ein Blatt „Das Jesus-ABC“ mit der Aufgabe, innerhalb von 5 Minuten zu jedem (Anfangs-) Buchstaben einen Begriff zu schreiben, der ihnen im Zusammenhang mit Jesus Christus einfällt (Auferstehung, Betlehem, Christus, Dornenkrone, Evangelium, Friede, Galiläa, Heilungen, INRI, Jünger, Kreuzigung, Licht der Welt, Menschensohn, Nazareth, Ölberg, Passion, Querdenker, Retter, Sohn Gottes, Taufe im Jordan, Urteil, Vaterunser, Wunder, Zimmermann). Wenn die vereinbarte Zeit verstrichen ist, kommen die Jugendlichen wieder zusammen und vergleichen die Ergebnisse.

Jesus-Quiz

Die Fragekarten des Jesus-Quiz hat der Katechet kopiert und ausgeschnitten. Nachdem sie gemischt wurden, legt sie der Katechet auf einen Stapel. Nun bilden die Jugendlichen zwei Gruppen, die beim Jesus-Quiz gegeneinander antreten. Im Wechsel zieht nun ein Jugendlicher aus der einen Gruppe eine Frage und stellt sie der gegnerischen Gruppe. Wenn es dieser Gruppe gelingt, die Frage innerhalb von einer Minute richtig zu beantworten, erhält sie einen Punkt. Das Spiel wird fortgesetzt, bis alle Fragen gestellt wurden, gewonnen hat die Gruppe, die die meisten Punkte gesammelt hat.

Wegstrecke: Wer war Jesus Christus?

„Das Jesus-ABC“

A ____________________
B ____________________
C ____________________
D ____________________
E ____________________
F ____________________
G ____________________
H ____________________
I ____________________
J ____________________
K ____________________
L ____________________
M ____________________
N ____________________
O ____________________
P ____________________
Q ____________________
R ____________________
S ____________________
T ____________________
U ____________________
V ____________________
W ____________________
X ____________________
Y ____________________
Z ____________________

Wegstrecke: Wer war Jesus Christus?

1. Wo wurde Jesus geboren?
   → *Betlehem*
   Jerusalem
   Samaria

2. Wie hießen seine Eltern?
   Hannah und Simon
   Elisabeth und Zacharias
   → *Maria und Josef*

3. Welcher Religion gehörte Jesus an?
   Christentum
   → *Judentum*
   Islam

4. Welchen Beruf übte der Vater Jesu aus?
   Schriftgelehrter
   Rabbi
   → *Zimmermann*

5. Wie alt wurde Jesus?
   30 Jahre
   → *33 Jahre*
   60 Jahre

6. Wann begann Jesus, öffentlich zu predigen?
   mit 12 Jahren
   mit 25 Jahren
   → *mit 30 Jahren*

7. Von wem ließ sich Jesus taufen?
   von Herodes
   → *von Johannes*
   von Petrus

8. Wo begann Jesus sein öffentliches Wirken?
   Judäa
   Rom
   → *Galiläa*

9. Welche Gebetsanrede für Gott ist von Jesus überliefert?
   König und Richter
   → *Väterchen (Abba)*
   Fels

10. Wer waren die Jünger Jesu?
    Schriftgelehrte
    Priester
    → *einfache Leute (Fischer, Handwerker, Zöllner, Dirnen …)*

11. Wer verriet Jesus?
    → *Judas*
    Petrus
    Johannes

12. Als was wurde Jesus bezeichnet?
    Pharisäer
    Schriftgelehrter
    → *Fresser und Säufer*

13. Wem galt Jesu Sympathie?
    den frommen Juden
    → *den Armen und Außenseitern*
    den Römern

14. Mit wie viel Jahren lehrte Jesus erstmals im Tempel?
    → *mit 12 Jahren*
    mit 20 Jahren
    mit 30 Jahren

15. Wodurch machte Jesus sich schnell einen Namen?
    → *durch seine Verkündigung und Taten*
    durch seine moralischen Ansichten
    durch sein regelmäßiges Gebet

16. Wer verurteilte Jesus zum Tod?
    Herodes
    → *Pontius Pilatus*
    Der Hohe Rat

17. Für welches angebliche Vergehen wurde Jesus hingerichtet?
    Tempelschändung
    → *Gotteslästerung*
    Volksverhetzung

18. Wann wurden die Evangelien geschrieben?
    zu Lebzeiten Jesu
    direkt nach seinem Tod
    → *mehr als ein halbes Jahrhundert nach seinem Tod*

19. Gibt es neben der biblischen Überlieferung weitere historisch verlässliche Zeugnisse, dass Jesus tatsächlich gelebt hat?
    → *ja*
    nein

20. In welchen historischen Quellen finden sich Hinweise auf Jesus?
    → *bei Flavius Josephus*
    bei Caesar
    bei Cicero

21. Wie bezeichnet sich Jesus im Johannesevangelium selbst?
    → *Ich bin der Weg, die Wahrheit und das Leben.*
    Ich bin der, auf den die Welt gewartet hat.
    Ich bin der Prophet, den Gott in die Welt gesandt hat.

22. Was besaß für Jesus oberste Priorität?
    die Erfüllung der zehn Gebote.
    → *das Heil der Menschen*
    das Gericht Gottes

23. Warum werden von Jesus Wunder überliefert?
    → *um seine göttliche Macht zu beschreiben*
    weil ihn dies bei den Menschen so beliebt gemacht hat
    weil nur sie ihn von anderen Menschen unterscheiden

24. Womit vergleicht sich Jesus?
    mit einem gerechten Richter
    → *mit einem guten Hirten*
    mit einem mächtigen Wunderheiler

25. Womit verglich Jesus Gott?
    → *mit einem barmherzigen Vater*
    mit einer aufgehenden Sonne
    mit einem zornigen Richter

Wegstrecke: Seine Straßen

Seine Straßen

Ref.:
Es sind seine Straßen von jeher
Seine Straßen von den Bergen bis ans Meer
Seine Wege denn der Herr führt sein Heer
Und eure schlecht gebauten Pfade machen es dem Thronwagen schwer

Ihr veranstaltet Feste auf den Straßen
genehmigt von der falschen Instanz
Ist euch allen wirklich noch zum Spaßen
Seid ihr bereit für den letzten Tanz
Eure Anteilnahme hält sich so in Grenzen
Eure Augen vermissen jeden Glanz
Der Tod kommt auch nach wenigen Lenzen
Rette sich wer kann doch wer kann's

Ans Totenbett wird mich keiner binden
Ich räume Straßen und ebene Wege leg' ich frei
Bis seine Straßen sich um die höchsten Berge winden
Ist keine Sterben und kein Schmerz vorbei
Vorbei sind die Zeiten der Vergebung
Vorbei sind die Tage die gezählt
Schafft die Bewegung zum Ziel der Erhebung
Wehe dem der es verfehlt

Die Wege die er nimmt sind unsere Straßen
Sogar Berge schmelzen unter seinem Fuß
Überragend ist er über alle Maßen
Du musst ihn suchen denn vielleicht bist du's
Den er benötigt um seine Straßen zu bauen
Den er braucht um sein Herr zu vermehren
Wir können nur wenigen vertrauen
Doch müssen wahrlich nicht mehr lange entbehren
Denn

Xavier Naidoo

Wegstrecke: Wer ist Jesus?

Anlässe / Themen
- Verschiedene Jesusbilder
- Historischer Jesus – Christus des Glaubens
- Was finde ich an Jesus faszinierend?

bis zu 10 Personen

1 Stunde

- Blätter, Stifte

- Grafiken (auf DIN A 3 oder DIN A 4 vergrößert)

Charakter der Einheit
Bildbetrachtung – Gespräch – Kontextualisierung

Chancen
- Die Jugendlichen werden mit unterschiedlichen Jesusdarstellungen konfrontiert.
- Den Jugendlichen wird bewusst, dass es verschiedene, subjektiv gefärbte Zugänge zum Leben Jesu gibt.
- Die Jugendlichen lösen ihr Jesusbild aus seinem historischen Kontext und versuchen eine Aktualisierung.

Biblisch-theologischer Kontext
Zu unterschiedlichen Zeiten und in verschiedenen Kulturen waren immer auch unterschiedliche Aspekte der Person Jesu für die Menschen wichtig. Auf die Fragestellungen der jeweiligen Zeit, der jeweiligen gesellschaftlichen Situation versuchte man, Orientierungshilfe im Leben Jesu zu entdecken (Jesus der Revolutionär, der gewaltlose Friedensstifter, Freund der Frauen, Christkönig ...). Immer wieder muss sich das jeweilige Jesusbild am Jesusbild der Bibel messen und korrigieren lassen.

Mögliche Schwierigkeiten / weitere Hinweise
Einige Darstellungen sind nicht auf den ersten Blick zu erschließen. Der Katechet sollte daher für spontane Äußerungen der Jugendlichen Zeit einräumen und bei der Bildbetrachtung aufkommende Gespräche fördern.
Natürlich können die Jugendlichen auch direkt damit beginnen, eine Biographie für das Leben Jesu in der Gegenwart zu entwerfen, ohne sich zuvor von den Bildern der Künstler anregen zu lassen. Dies ist vor allem dann günstig, wenn die Erschließung der Bilder für die Jugendlichen zu schwer ist.

Jesus Christus

Verlauf der Einheit

Bildergalerie

Der Katechet hängt die Jesusdarstellungen verschiedener Künstler nebeneinander an die Wand. Die Jugendlichen betrachten sie zunächst und schlagen für jedes Motiv einen Titel vor. Die Gruppe muss sich gemeinsam auf eine Titelformulierung für jedes Bild einigen. Diese wird dann auf ein kleines Blatt geschrieben und als Legende unter das Bild gehängt.

Motivpräsentation

Die Jugendlichen bilden Zweiergruppen und wählen jeweils ein Motiv aus, mit dem sie die Person Jesu vorstellen wollen. Sie überlegen, was Jesus auf der entsprechenden Darstellung charakterisiert und an welche Situation im Leben Jesu der Künstler gedacht haben wird. Dies halten sie in Stichworten auf einem Kärtchen fest. Zunächst stellen sie den anderen nun ihre Vermutungen zur von ihnen ausgewählten Darstellung vor. Anschließend hängen sie das Kärtchen mit den selbst formulierten Stichworten zur Legende an die Wand.

Die Jesus-Biographie

Im nächsten Schritt setzen sich die Jugendlichen wieder in den Zweiergruppen zusammen und versuchen, in Anlehnung an die Jesusdarstellung der Künstler und in Verbindung mit den von ihnen genannten Stichworten eine kurze Jesusbiographie zu erfinden. Der fiktive, von den Jugendlichen beschriebene Jesus sollte jedoch nicht vor zweitausend Jahren gelebt haben, sondern in der Gegenwart. Mit einigen Impulsfragen kann der Katechet den Jugendlichen helfen, eigene Ideen zu entwickeln:

- Wo wäre euer Jesus geboren?
- Wie sähe seine Familie aus, wären seine Eltern arm oder reich?
- Welchen Beruf würde er wählen?
- Wie sähe sein Alltag aus?
- Wofür würde er sich engagieren?
- Wie würde seine Umwelt auf ihn reagieren?
- Wie würde man ihn heute behandeln?
- Wer wären seine Freunde?
- Mit wem würde er sich anlegen?

Für das Schreiben der Biographien muss ausreichend Zeit gelassen werden. Wenn alle Jugendlichen ihren Text verfasst haben, stellen sie ihn der gesamten Gruppe vor.

Wegstrecke: Wer ist Jesus?

Wegstrecke: Jesus, schenk mir dein Leben

Anlässe / Themen
- Jesus Christus
- Kommunion / Eucharistie
- Jesus als Brot des Lebens
- Religiöse Elemente in der Popmusik

bis zu 10 Personen

1-2 Stunden

- „Jesus“ von Marius Müller Westernhagen (auf CD „Menschen-Leben-Träume“)
- CD-Player
- Plakat
- Stifte

- Liedtext „Jesus“ von Marius Müller Westernhagen
- Kopierte Textkarten

Charakter der Einheit
Musik hören — Text analysieren

Chancen
- Die Jugendlichen entdecken religiöse Aussagen in der Popmusik.
- Die Jugendlichen setzen sich mit dem Inhalt des Eucharistischen Hochgebets auseinander.

Biblisch-theologischer Kontext
In der Feier des so genannten Letzten Abendmahls verdichtet sich für die Jünger in beispielloser Weise das, was Jesus sein Leben lang gelebt hat, die Hingabe seines Lebens. Immer wieder hat sich Jesus als der erfahrbar gemacht, der für andere Menschen da ist, der jeden Menschen bedingungslos annimmt und ihn so in einem ganzheitlichen, tiefen Sinne heilt. In diesem Sinne hat Jesus sein Leben hingegeben für die Menschen. Die Zeichen von Brot und Wein aus der jüdischen Passahfeier deutet Jesus um und lässt sie so zum Zeichen für sein hingebungsvolles Leben werden.
Dies ist mein Fleisch, dies ist mein Blut. - Die Bedeutung der beiden Worte Fleisch und Blut haben im Hebräischen einen Bedeutungsumfang, der sich in der deutschen Sprache nicht automatisch erschließt. So können beide Begriffe im hebräischen Synonym für den Menschen in seiner Ganzheit als Körper und Seele stehen. Das ist mein Fleisch, das ist mein Blut meint dann: Das (da) bin ich (mit all dem, was mich als Mensch ausmacht) .

Mögliche Schwierigkeiten / weitere Hinweise
Im Lied „Jesus“ von Marius Müller Westernhagen lassen sich Motive finden, die an die Inhalte des eucharistischen Hochgebets erinnern. Da er sie in eine völlig ungewöhnliche Sprache verpackt und für religiöse Musik ungewöhnlich vertont, werden die meisten Jugendlichen beim ersten Hören keine Assoziationen zum Hochgebet finden. Wichtig ist deshalb, dass der Katechet zunächst für sich einen Zugang zum Lied findet und die Parallelisierung nachvollzieht, damit er weiterführende Impulse einbringen und das Gespräch bei Bedarf lenken kann.

Verlauf der Einheit

Jesus

Die Jugendlichen hören das Lied „Jesus“ von Marius Müller Westernhagen. Der Katechet teilt eine Kopie des Textes aus und stellt den Sänger kurz vor (Marius Müller-Westernhagen wurde 1948 in Düsseldorf geboren und wuchs in einer Künstlerfamilie auf. Er gilt als Repräsentant einer ehrlichen Rockmusik. In seinen schnörkellosen Texten beschränkt sich Westernhagen auf das Wesentliche, was zu seinem Erfolg vor allem bei den jungen Hörern beiträgt. Dabei bedient sich der Sänger und Songschreiber oft religiöser Begriffe und Bilder, ohne sich jedoch persönlich religiös vereinnahmen zu lassen) und wartet, bis sich die Jugendlichen spontan zum Lied äußern. Anschließend bittet er die Jugendlichen, das Lied ein zweites Mal anzuhören und dabei auf den Text zu achten (alternativ dazu kann der Katechet einen Jugendlichen bitten, den Text des Liedes vorzulesen). Nachdem die Jugendlichen nochmals zugehört haben, legt er ein leeres Plakat in die Mitte. Die Jugendlichen sollen einzelne Textpassagen auf dem Plakat notieren, die ihnen in Erinnerung geblieben sind. Wichtig ist für den weiteren Verlauf der Einheit, dass die Jugendlichen die Begriffe „Leben“ und „Blut“ schriftlich fixieren. Sollten diese beiden Begriffe nicht aufgeschrieben werden, notiert sie der Katechet auf dem Plakat. Anschließend sollen die Jugendlichen Vermutungen äußern, woran sich das Lied von Marius Müller Westernhagen anlehnt. Bevor im nächsten Schritt mit den Textkärtchen gearbeitet wird, unterstreicht der Katechet auf dem Plakat die beiden Schlüsselbegriffe „Leben“ und „Blut“. Er weist darauf hin, dass diese Begriffe gleich eine wichtige Rolle spielen werden.

Anklänge an das Hochgebet

Für den nächsten Schritt hat der Katechet die Textkarten ausgeschnitten, die Passagen des eucharistischen Hochgebets (Hochgebet II) bzw. des Liedtextes enthalten. Der Katechet legt die 8 Kärtchen auf den Tisch und bittet die Jugendlichen, sie nun einander sinngemäß zuzuordnen. Ein Kärtchen mit gestricheltem Rahmen gehört jeweils zu einem Kärtchen mit gepunktetem Rahmen. Sollten die Jugendlichen Schwierigkeiten bei der Zuordnung haben, kann der Katechet einen Tipp geben und darauf hinweisen, dass Jesu Worte „Das ist mein Leib“ soviel bedeuten wie „Das bin ich“ oder „Das ist mein Leben“.

Analyse

Wenn die Kärtchen von den Jugendlichen paarweise zusammengeführt wurden, sortiert sie der Katechet in der Abfolge des Hochgebets II. Er spielt das Lied noch einmal vor. Die Jugendlichen sollen nun äußern, inwiefern das Lied die Gedanken des Hochgebets aufgreift. Was bedeuten demnach folgende Formulierungen:

- Schenk mir Dein Leben
- Spende mir Blut
- Bitte lass mich ein / In dein Himmelreich
- Jesus / Wir sind die Helden

Abschließend sollen die Jugendlichen Stellung beziehen: Spricht sie das Lied von „Jesus“ persönlich an? Inwiefern ist es legitim, in der Popmusik mit religiösen Symbolen zu spielen und sie sprachlich so zu verfremden, wie es Marius Müller Westernhagen in seinem Lied tut?

Wegstrecke: Jesus, schenk mir dein Leben

Jesus

Schenk mir dein Leben
Ich geb dir meines dafür
Jesus
Ich werd nie aufgeben
Bis an die Himmelstür

Spende mir Blut
Bevor die Sonne mich tötet
Jesus
Spende mir Blut
Bevor der Tag beginnt

Bitte lass mich ein
In dein Himmelreich
Ich vergehe
Mit ein bisschen Glück
Werden wir verrückt
Mit ein bisschen Glück

Jesus
Wir sind die Helden
Es geht, du musst es nur wollen
Jesus
Sei nicht so feige
Wir werden's der Welt schon zeigen
Wir werden's der Welt beweisen

Marius Müller Westernhagen

Wegstrecke: Jesus, schenk mir dein Leben

Denn am Abend, an dem er ausgeliefert wurde und sich dem Leiden unterwarf, nahm er das Brot und sagte Dank, brach es, reichte es seinen Jüngern und sprach: Nehmet und esset alle davon: Das ist mein Leib, der für euch hingegeben wird.	Jesus Schenk mir dein Leben Ich geb dir meines dafür Jesus Ich werd nie aufgeben Bis an die Himmelstür
Ebenso nahm er nach dem Mahl den Kelch, dankte wiederum, reichte ihn seinen Jüngern und sprach: Nehmet und trinket alle daraus: Das ist der Kelch des neuen und ewigen Bundes, mein Blut, das für euch und für alle vergossen wird zur Vergebung der Sünden. Tut dies zu meinem Gedächtnis.	Spende mir Blut Bevor die Sonne mich tötet Jesus Spende mir Blut Bevor der Tag beginnt
Darum, gütiger Vater, feiern wir das Gedächtnis des Todes und der Auferstehung deines Sohnes und bringen dir so das Brot des Lebens und den Kelch des Heiles dar. Wir danken dir, dass du uns berufen hast, vor dir zu stehen und dir zu dienen. Wir bitten dich: Schenke uns Anteil an Christi Leib und Blut, und laß uns eins werden durch den Heiligen Geist.	Bitte lass mich ein In dein Himmelreich Ich vergehe Mit ein bisschen Glück Werden wir verrückt Mit ein bisschen Glück
Vater, erbarme dich über uns alle, damit uns das ewige Leben zuteil wird.	Jesus Wir sind die Helden Es geht, du musst es nur wollen Jesus Sei nicht so feige Wir werden's der Welt schon zeigen Wir werden's der Welt beweisen

Wegstrecke: Christus-Elfer

Anlässe / Themen
- Wer ist Jesus für mich?
- Jesusbilder
- Jesus ist der Sohn Gottes

bis zu 10 Personen

1-2 Stunden

- Papier
- Stifte
- Plakat

- Kopiervorlage „Elfer" für jedes Gruppenmitglied

Charakter der Einheit
Kreativität – Diskussion – Stille – Meditation

Chancen
- Die Jugendlichen werden sich über ihre Beziehung zu Jesus bewusst.
- Sie formulieren Aussagen über Jesus in verdichteter Form und sind so gezwungen, Gedanken auf den Punkt zu bringen.
- Die Jugendlichen erfahren sich als kreative Menschen.

Biblisch-theologischer Kontext
„Seid stets bereit, jedem Rede und Antwort zu stehen, der nach der Hoffnung fragt, die euch erfüllt" (1 Petr. 3,15). Sehr früh schon fingen die Christen an, erste Bekenntnisse zu verfassen bzw. zu überliefern. Das kürzeste und älteste christliche Glaubensbekenntnis ist wohl das Bekenntnis: Christus ist der Herr. In diesem einfachen Satz ist der Kern des christlichen Glaubens enthalten.

Mögliche Schwierigkeiten / weitere Hinweise
Mancher Jugendliche mag sich zunächst sträuben, ein Gedicht zu schreiben. Meist wird mangelndes Selbstvertrauen der Anlass dazu sein („Ich kann so was nicht.", „Das trau ich mir nicht zu"...). Es kann eine Hilfe sein, wenn die Jugendlichen sich bei diesem Schritt zu zweit zusammentun.

Verlauf der Einheit

Metaphermeditation

Der Katechet teilt den Jugendlichen Zettel aus mit dem Satzanfang „Jesus ist für mich wie ...“ Die Jugendlichen sollen diesen Satzanfang ergänzen. Dabei sollen sie möglichst Bildworte (=Metaphern) finden. Wenn alle Jugendlichen zu Ende geschrieben haben, werden die Metaphern langsam nacheinander vorgelesen. Es sollte zwischen den einzelnen Metaphern ein Moment Stille gehalten werden, damit die einzelnen Bilder nachwirken können. Mit dieser Methode werden die Jugendlichen auf den folgenden Schritt vorbereitet.

„Elfer” zu Jesus

Der Katechet macht die Gruppe mit der kreativen Schreibform des „Elfer“ vertraut. Dazu teilt er Kopien vom Arbeitsblatt „Elfer“ aus und bespricht mit den Jugendlichen den Aufbau eines „Elfers“. Zur Veranschaulichung können die drei Beispiele herangezogen werden. Anschließend versuchen die Jugendlichen, eigene „Elfer“ zum Thema „Jesus“ zu formulieren. Dazu können sie sich ggf. auch zu zweit zusammentun. Als Ideenbörse kann die Assoziationsübung des ersten Schritts dienen, die der Katechet nun gut sichtbar an der Wand befestigt. Für das Formulieren der „Elfer“ sollten 20-30 Minuten einkalkuliert werden. Jugendliche, die schneller fertig sind, können motiviert werden, einen weiteren „Elfer“ zu texten. Oft finden die Jugendlichen von sich aus Spaß daran, weitere Fünfzeiler zu formulieren. Dann kann die Zeit auch verlängert werden

Vortrag

Die Jugendlichen tragen nun ihre „Elfer“ der Gruppe vor. Der Katechet sollte im Vorfeld den Jugendlichen die Hemmung nehmen, ihren Text vorzulesen. Dazu weist er darauf hin, dass es immer schwer ist, eigene Texte oder Bilder einem größeren Publikum vorzustellen. Deshalb bittet er die Gruppe, sich über die Texte nicht lustig zu machen.
Nach jedem vorgelesenen Text wird eine kurze Stille gehalten. Wenn alle Jugendlichen ihre Texte vorgelesen haben, kann ein Austausch darüber stattfinden, welche der vorgetragenen „Elfer“ den Jugendlichen besonders gefallen haben. Zum Schluss der Einheit reflektieren die Jugendlichen, wie sie mit dieser Methode zurechtgekommen sind. Beendet wird die Einheit vom Katecheten mit dem ebenfalls in einem als „Elfer“ gefassten Wunsch:

Firmung
Leben finden
Erfüllt vom Geist
Das wünsche ich dir
immer

Wegstrecke: Christus-Elfer

Elfer

Elfer oder Elfchen sind eine bestimmte lyrische Form kreativen Schreibens. Ihren Namen erhalten sie daher, dass sie aus elf Worten zusammengesetzt sind, die in einer festen Reihenfolge stehen:

1. Zeile	- ein Wort	(irgendein Wort)
2. Zeile	- zwei Worte	(Träger des ersten Wortes)
3. Zeile	- drei Worte	(Präzisierung oder Vertiefung der Aussage)
4. Zeile	- vier Worte	(beliebige Weiterführung)
5. Zeile	- ein Wort	(irgendein Wort: ggf. Gegenbegriff zum Anfang oder Sinnspitze)

aus: Stefan Herok, Agnes Molzberger-Stich (Hg.):
Stimmen der Sehnsucht. AusLeseBuch des 20. Jahrhunderts, München 2000)

Beispiele:

Jesus
Leben pur
Himmel auf Erden
Mit dir kann sein
Erfüllung

Jesus
Lebendige Liebe
Freund aller Menschen
Von dir zu lernen:
Leben

Jesus
Unsere Nahrung
Brot und Wein
Geteilt mit den Menschen
Kraft

Wegstrecke: Werbung für Jesus

Anlässe / Themen
- Was ist das Besondere an Jesus?
- Evangelisierung
- Wie kann man heute von Jesus Christus sprechen?

bis zu 10 Personen

2 Stunden

- Internetzugang und Drucker
- Kassettenrekorder mit Aufnahmemöglichkeit
- leere Kassette
- Videokamera, Fernseher, leere Videokassette

- Ausdrucke von Jesus-Werbungen aus dem Internet (z.B. www.juma-online.de/werbeslogans.htm)

Charakter der Einheit
Kreativität – Diskussion – Spiel

Chancen
- Die Jugendlichen spüren dem nach, was Jesus zu einem besonderen Mensch macht.
- Die Jugendlichen setzen sich damit auseinander, was Jesus heute Jugendlichen (noch) zu sagen hat.

Biblisch-theologischer Kontext
Das Bild, das sich Christen von Jesus gemacht haben, hat sich im Laufe der Geschichte immer wieder geändert. Aufgabe jeder Generation ist es, einen zeitgemäßen Zugang zu Jesus zu finden (ohne dass der Kern des christlichen Glaubens verloren geht). „Geht und verkündet allen Menschen das Evangelium" (Mk 16,15). Diesem Auftrag gerecht zu werden erfordert, auf die Zeichen der Zeit zu achten, um das Evangelium in die jeweilige Zeit hinein verständlich zu verkünden.

Mögliche Schwierigkeiten / weitere Hinweise
Die „Produkte" dieser Einheit können sehr gut in einem Gottesdienst, der von Firmlingen mitgestaltet wird, Verwendung finden.

Jesus Christus

Verlauf der Einheit

Jesus-Werbung

Der Katechet verteilt die Ausdrucke mit der Jesus-Werbung. Die Jugendlichen äußern spontane Eindrücke. Anschließend lenkt der Katechet das Gespräch auf folgende Aspekte:

- Wie wirkt diese Art der Werbung auf euch? Lustig, blöd, ansprechend, abstoßend?
- Sind die Werbeaussagen stimmig?
- Fallen euch noch andere Beispiele ein, wie man aktuelle Werbung auf Jesus übertragen könnte.
- Wie müsste eine Werbung für Jesus gestaltet sein, damit sie euch anspricht?

Dieses Gespräch dient als Grundlage für den folgenden Arbeitsschritt. Deshalb kann es je nach Gruppe sinnvoll sein, wichtige Punkte des Gesprächs auf einem Plakat fest zu halten und zum Schluss des Gespräches zusammenzufassen.

Werbekampagne starten

Die Firmgruppe schlüpft nun in die Rolle einer Werbeagentur, die den Auftrag bekommen hat, eine riesige Werbekampagne für Jesus zu starten. Vor allem Jugendliche sollen mit dieser Werbekampagne für Jesus begeistert werden. Die Jugendlichen haben als Mitarbeiter der Werbeagentur nun je nach Interesse und Begabung verschiedene Möglichkeiten.

- Sie erstellen ein Werbeplakat für Jesus.
- Sie erstellen einen Werbespot fürs Radio (dazu sollte ein Kassettenrekorder mit Aufnahmemöglichkeit und leerer Kassette vorhanden sein).
- Sie erstellen einen Werbespot fürs Fernsehen (entweder wird der Spot mit einer Videokamera aufgenommen oder aber später als TV-Szene von den Jugendlichen vorgespielt).
- Sie überlegen sich symbolische Aktionen, mit denen auf Jesus aufmerksam gemacht werden kann (z.B. Zettelverteilen in der Fußgängerzone mit der Aufschrift „Du bist ein Gotteskind", Überraschungseier mit ultimativer Jesusfigur ...).

Jede Gruppe muss sich darüber klar werden, auf welchen Aspekt sie ihren Schwerpunkt legt (Jesus – Vorbild der Menschenliebe, Jesus – der Sohn Gottes usw.). Wichtig ist der Hinweis, dass alle Ideen so konzipiert sein müssen, dass sie die Zielgruppe ansprechen. Die Jugendlichen können nun entweder alleine oder aber im Team eine der vier Aufgaben übernehmen. Dazu sollte ausreichend Zeit zur Verfügung stehen (45-60 Minuten).

Auswertung

Die Gruppe kommt zusammen und präsentiert jeweils ihre Arbeitsergebnisse. Jede Idee wird von der gesamten Gruppe bewertet. Zum Schluss der Einheit findet ein Auswertungsgespräch mit folgender Fragestellung statt:

- Hast du den Eindruck, dass unsere Werbeideen dem Anliegen Jesu gerecht werden? Ist Jesus überhaupt ein Produkt, für das man werben kann?
- Wie sinnvoll hälst du Jesus-Werbung?
- Bist du schon mal in deinem Alltag Jesus-Werbung begegnet (Zeugen Jehovas, Kirche ...)? Wie hast du diese Werbung erlebt (aufdringlich, informativ ...)?

Heiliger Geist

Wegstrecke: Und es blieb alles beim Alten

Anlässe / Themen
- Heiliger Geist

bis zu 10 Personen

2 Stunden

- Plakat DIN A2
- Stifte

- Text der Pfingsterzählung
- Text „ ... und es blieb alles beim Alten“

Charakter der Einheit
Rollenspiel – Gespräch – Meditation

Chancen
- Die Jugendlichen werden mit der biblischen Pfingsterzählung und einer kritischen Aktualisierung des Textes konfrontiert.
- Den Jugendlichen wird bewusst, dass sich die christliche Glaubenspraxis in der Regel gesellschaftlichen Verhaltensmustern anpasst.
- Die Jugendlichen überlegen, was dieser „alltäglichen Religiosität“ entgegengebracht werden kann.

Biblisch-theologischer Kontext
Das Pfingsterlebnis (Apg 2,1-13).

Mögliche Schwierigkeiten / weitere Hinweise
Zunächst müssen Jugendliche eine Hemmschwelle überwinden, um ein Rollenspiel zu präsentieren. Wenn es ihnen Schwierigkeiten bereitet, sollte der Katechet sie evtl. zum Spiel ermutigen und darauf hinweisen, dass es sich bei den darzustellenden Rollen ja um andere Personen handelt, die sie „nur im Spiel“ verkörpern.
Möglich wäre auch als Alternative zum Rollenspiel, die beiden Szenen in dieser Einheit pantomimisch darzustellen. Dies setzt jedoch voraus, dass die Jugendlichen sich gut in Mimik und Gestik artikulieren können.

Verlauf der Einheit

Zwei ungleiche Situationen

Der Katechet bittet die Jugendlichen, sich in zwei Gruppen aufzuteilen. Die eine Gruppe erhält den biblischen Text vom Pfingstereignis (Apg 2,1-13, siehe Seite 106), die andere Gruppe den alternativen Pfingsttext „... und es blieb alles beim Alten". Die beiden Gruppen sollen zunächst in zwei getrennte Räume gehen und versuchen, den jeweiligen Text als Spielszene umzusetzen. Nach ca. zwanzig Minuten bittet der Katechet die Jugendlichen, wieder zusammenzukommen. Zunächst führt jetzt die Gruppe ihre Szene auf, die sich mit der biblischen Pfingsterzählung beschäftigt hat.
Anschließend erläutert der Katechet, dass nun eine alternative Pfingstepisode vorgespielt wird, und bittet die andere Gruppe, die Szene „... und es blieb alles beim Alten" vorzuspielen.

Die Mittelmäßigkeit entlarven

Der Katechet gibt den Jugendlichen die Möglichkeit, sich zu den beiden Szenen zu äußern. Dann liest er den Alternativtext „...und es blieb alles beim Alten" vor. Der Text beinhaltet den Satz „Die Jünger trafen sich noch öfters, fingen an, sich zu langweilen – und die Mittelmäßigkeit erlebte Höhepunkte". Die Jugendlichen sollen überlegen, was der Autor mit „Mittelmäßigkeit" gemeint haben könnte. Wo erleben sie in ihrem Alltag eine solche „Mittelmäßigkeit".

Feuer und Flamme sein

Anschließend legt der Katechet ein Plakat in die Mitte, auf dem die Überschrift „Feuer und Flamme sein" steht. Die Jugendlichen sollen aufschreiben, wann sie von etwas „Feuer und Flamme" sind. Während dieser Phase sollte nicht gesprochen werden. Wenn alle Ideen zu Papier gebracht worden sind, betrachten die Jugendlichen das Plakat. Jeder liest vor, was er aufgeschrieben hat.

Gegen die Mittelmäßigkeit

Zum Schluss der Einheit wird nochmals die Szene „... und es blieb alles beim Alten" vorgespielt. Dabei verhalten sich die Jugendlichen aus der anderen Gruppe zunächst nur als passive Zuschauer. Im Verlauf der Szene dürfen sie sich diesmal zu Wort melden und in die Szene einmischen. Sie sollen versuchen, die in der Mittelmäßigkeit verharrten Jünger auf ihre „Mittelmäßigkeit" hinzuweisen und aus ihrer Lethargie zu befreien. In der Regel wird sich an dieser Stelle ein intensives Gespräch entwickeln, so dass kein weiteres Auswertungsgespräch folgen muss. Eventuell ist es jedoch sinnvoll, dass der Katechet abschließend über diesen letzten Schritt spricht. Wie haben sich die in der Lethargie gefangenen Jünger gefühlt? Was empfanden die „Zuschauer" bei ihren Interventionen?

Wegstrecke: Und es blieb alles beim Alten

Das Pfingstereignis:

Als der Pfingsttag gekommen war, befanden sich alle am gleichen Ort. Da kam plötzlich vom Himmel her ein Brausen, wie wenn ein heftiger Sturm daherfährt, und erfüllte das ganze Haus, in dem sie waren. Und es erschienen ihnen Zungen wie von Feuer, die sich verteilten; auf jeden von ihnen ließ sich eine nieder. Alle wurden mit dem Heiligen Geist erfüllt und begannen, in fremden Sprachen zu reden, wie es der Geist ihnen eingab.
In Jerusalem aber wohnten Juden, fromme Männer aus allen Völkern unter dem Himmel. Als sich das Getöse erhob, strömte die Menge zusammen und war ganz bestürzt; denn jeder hörte sie in seiner Sprache reden. Sie gerieten außer sich vor Staunen und sagten: Sind das nicht alles Galiläer, die hier reden? Wieso kann sie jeder von uns in seiner Muttersprache hören: Parther, Meder und Elamiter, Bewohner von Mesopotamien, Judäa und Kappadozien, von Pontus und der Provinz Asien, von Phrygien und Pamphylien, von Ägypten und dem Gebiet Libyens nach Zyrene hin, auch die Römer, die sich hier aufhalten, Juden und Proselyten, Kreter und Araber, wir hören sie in unseren Sprachen Gottes große Taten verkünden. Alle gerieten außer sich und waren ratlos. Die einen sagten zueinander: Was hat das zu bedeuten? Andere aber spotteten: Sie sind vom süßen Wein betrunken.

...und es blieb alles beim Alten

Als der Pfingsttag gekommen war, befanden sich alle am gleichen Ort. Sie freuten sich, beieinander zu sein. Am Himmel regte sich kein Lüftchen! So kam es, dass sie friedlich unter sich blieben. Es störte sie keiner - wer sollte sie auch schon stören? Sie frischten Erinnerungen an Jesus auf; sie erzählten sich dies und jenes - und das konnten sie in ihrer eigenen Sprache. Die Fenster öffneten sie nur gelegentlich, um ein wenig zu lüften. In den Straßen um ihr Haus herum tummelten sich an diesem Tag Leute aus aller Herren Länder: Parther, Meder, Elamiter, Bewohner von Mesopotamien, Kappadozier - wie gesagt, aus aller Herren Länder. Sie unterhielten sich über vieles, manche auch über Jesus und seine Anhänger: „Man hört nichts mehr von der Sache. Sie scheint sich erledigt zu haben!“ Dann wechselten sie das Thema und sprachen wieder über die Schriftauslegung von Rabbi Benjamin am Morgen in der Synagoge. Sie gingen weiter, ohne etwas erlebt zu haben - der Pfingsttag, ein Tag wie jeder andere!
In der kleinen Gruppe aber hielt Petrus eine Rede: „Liebe Freunde in der Erinnerung an Jesus! Inzwischen haben wir uns daran gewöhnt, dass unser Freund Jesus nicht mehr bei uns ist. Von den Juden haben wir nichts mehr zu befürchten, denn langsam haben sie sich beruhigt. Warum sollten wir von der Sache wieder anfangen? Wir haben unsere Ruhe. Das ist gut so, das soll so bleiben! Dann und wann wollen wir uns treffen, um das Andenken an ihn in Ehren zu halten. Im übrigen soll alles so bleiben, wie es ist. Das ist für die Beteiligten das Angenehmste. Fremde können in unserer Gruppe nur stören.“ Soweit Petrus. Die Jünger trafen sich noch öfters, fingen an, sich zu langweilen - und die Mittelmäßigkeit erlebte Höhepunkte. Mit den Jahren starben sie. So ging die Sache Jesu zu Ende. Man redete nicht mehr viel darüber, denn Belanglosigkeiten haben das gleiche Schicksal wie Eintagsfliegen.

aus: Pfingsten — ein Funke, der überspringt.
Materialien, Tipps, Informationen.

Wegstrecke: Wünsch dir was

Anlässe / Themen
- Heiliger Geist

bis zu 10 Personen

2 Stunden

- Papier und Stifte
- „Wünsch dir was“ von den Toten Hosen (auf CD „Menschen-Leben-Träume“)
- CD-Player
- Internet-Zugang

- Text „ An diesem Tag“

Charakter der Einheit
Reflexion – Musik – Internet

Chancen
- Die Jugendlichen reflektieren eigene Lebenswünsche.
- Die Jugendlichen werden mit einem ungewöhnlichen Zugang zum Thema „Heiliger Geist“ konfrontiert.
- Die Jugendlichen setzen sich im Internet mit anderen Menschen über ein religiöses Thema auseinander.

Biblisch-theologischer Kontext
Jesus verspricht den Jüngern den Geist als Beistand (Joh 14,15-31).

Mögliche Schwierigkeiten / weitere Hinweise
Die Teilnahme am chat im Internet gehört für viele Jugendliche zu ihrem Alltag. Während beim chat gewöhnlich Smalltalk dominiert, sollen die Jugendlichen sich aber im Rahmen dieser Einheit mit anderen über ein religiöses Thema austauschen. Dies ist zunächst ungewöhnlich und es kann passieren, dass die anderen chat-Teilnehmer bei diesem Thema nicht „aufspringen“. Hilfreich kann es sein, sich beim Einstieg in den chat zunächst eng am Liedtext der Toten Hosen zu orientieren.

Verlauf der Einheit

Mein Wunschzettel

Der Katechet bittet die Jugendlichen, einen Wunschzettel zu schreiben. Auf ihm sollen sie notieren, welche Wünsche sie zur Zeit haben. Dabei kann es sich um materielle Wünsche handeln, ebenso jedoch um Wünsche an die eigene Lebensgestaltung, Wünsche für eine Beziehung zu anderen Menschen, Wünsche nach gesellschaftlichen Veränderungen etc. Während dieser Phase sollte nicht gesprochen werden, damit sich jeder auf seine eigenen Wünsche konzentrieren kann. Wenn alle ihren Wunschzettel niedergeschrieben haben, werden die Wunschzettel in der Gruppe vorgelesen.

Wünsch dir was

Der Katechet spielt das Lied „Wünsch dir was“ von den Toten Hosen. Beim Zuhören sollten die Jugendlichen darauf achten wie im Lied die Zeit beschrieben wird, in der das Wünschen wieder lohnt. Nach dem zweiten Hören sollen sie diese Zeit mit eigenen Worten beschreiben. Wie beurteilen sie die von den Toten Hosen besungene Vision einer besseren Zukunft?

Die Auferstehung des Heiligen Geistes

Im Lied der Toten Hosen heißt es, diese visionär besungene Zukunft sei die „Wiederauferstehung des Heiligen Geistes“. Der Katechet fordert die Jugendlichen auf, mit eigenen Worten zu beschreiben, wie sie sich die Zeit vorstellen, in der es zu einer „Wiederauferstehung des Heiligen Geistes“ kommt. Anschließend sollen sie überlegen, ob solch eine Zeit stets eine unerreichbare Utopie bleiben muss oder ob es möglich ist, dass sie (zumindest in Ansätzen) anbricht. Entdecken sie vielleicht sogar schon Spuren einer solchen „Wiederauferstehung des Heiligen Geistes“?

Ein chat über die Auferstehung des Heiligen Geistes

Die Toten Hosen, die das Lied geschrieben haben, sind mit einer Homepage im Internet vertreten (www.DieTotenHosen.de) und bieten auf ihrer Domaine einen chatroom an, der in der Regel gut frequentiert wird. Wenn der Gruppe ein Internet-Zugang zur Verfügung steht, kann sie den chatroom aufsuchen und sich dort mit der Frage an andere Teilnehmer des chats wenden, wie sie sich eine Welt vorstellen, in der es zu einer „Wiederauferstehung des Heiligen Geistes“ kommt und „das Wünschen wieder lohnt“.

Sollte solch ein Zugang nicht zur Verfügung stehen, bilden die Jugendlichen Kleingruppen, um gemeinsam von ihren privaten Internet-Zugängen aus auf der Domaine der Toten Hosen am chat teilzunehmen. Die Antworten der anderen chat-Teilnehmer sollten ausgedruckt und der Firmgruppe beim nächsten Treffen vorgestellt werden.

Mehr als ein Wunsch

Zum Abschluss der Einheit kann der Katechet den Text „An diesem Tag“ vorlesen. Er legt den Schwerpunkt darauf, dass es neben materiellen Wünschen weitere Sehnsüchte gibt, die das zwischenmenschliche Zusammenleben betreffen.

Wegstrecke: Wünsch dir was

An diesem Tag

An diesem Tag, an dem ein neuer Wind wehte, war ein wichtiges Fußballspiel. Kurz vor Schluss stand es 2:2. Dann eine umstrittene Szene im Strafraum der Heimmannschaft. Der Schiedsrichter wollte eigentlich weiterspielen lassen, bis plötzlich der Libero der Heimmannschaft zum Schiri sagte: „Es war Handspiel von mir." - Das Spiel endete 2:3 für die Gäste.

An diesem Tag musste Brigitte ihrem Vater eine „Fünf" in der Mathearbeit vorlegen. Eigentlich brüllte der Vater in solchen Situationen sofort los. Heute aber sagte er: „Du, Brigitte, das schaffen wir schon, keine Bange, ich helfe dir dabei ..."

An diesem Tag traf Ralf den Antonio, dessen Vater vor zehn Jahren nach Deutschland gekommen war, der aber augenblicklich keine Arbeit hatte. Eigentlich sagte Ralf meistens, wenn er Antonio kommen sah: „Hallo, Spaghettibruder, wie geht's?" Heute meinte er: „Du, Toni, komm doch mal mit! Ich hab da 'ne neue CD, ist einfach 'ne Wucht! Die musst du dir anhören ...!" Antonio glaubte, er hört nicht richtig - so verdutzt war er.

An diesem Tag ging Peter mittags zu seiner Mutter: „Du, Mutti, ich kann das allein mit dem Spülen. Leg dich in der Zwischenzeit etwas hin ..." Die Mutter war erstaunt - meistens gab es doch Protest, wenn gespült werden sollte, aber heute?

An diesem Tag schimpfte der Regierungschef nicht über die Angriffe der Opposition. Man hörte nichts von Verleumdung, Besserwisserei oder Schuldzuweisungen. Nein, da sagte der Kanzler: „Es stimmt, was Sie da sagen. Sie haben wirklich Recht, wenn Sie meinen, die Steuerlasten müssten gerechter verteilt werden; der einfache Mann zahlt zuviel. Ich glaube, wir haben da Fehler gemacht."

Wenn das alles kommt, dann sagt an diesem Tag die Dame vom Wetterdienst in den Nachrichten: „Ein starker Sturm hat die Wolken weggefegt. Es wird allgemein heiter."

Franz Melcher

Wegstrecke: Ein Logo für den Geist

Anlässe / Themen
- Heiliger Geist

bis zu 15 Personen

1 Stunde

- Papier, Stifte

- Kopierte Kärtchen

Charakter der Einheit
Spiel

Chancen
- Die Jugendlichen werden mit den biblischen Aussagen über den Heiligen Geist konfrontiert.
- Die Jugendlichen reflektieren, wie der Geist in der Bibel charakterisiert wird.
- Die Jugendlichen entscheiden, welche Charakterisierung ihnen besonders wichtig ist.

Biblisch-theologischer Kontext
An verschiedenen Stellen berichtet die Bibel vom Wirken des Heiligen Geistes: Bei der Taufe Jesu (Mk 1,9-11), in der Erzählung vom Pfingstereignis (Apg 2,1-4), in den johanneischen Abschiedsreden (Joh 14) etc.

Mögliche Schwierigkeiten / weitere Hinweise
Wie eine Agentur sollen die Jugendlichen ein Logo entwerfen. Durch diese spielerische Form sollen sie motiviert werden, sich mit dem schwierigen und zunächst abstrakten Begriff „Heiliger Geist" auseinander zu setzen. Einige Jugendliche werden sich scheuen, eine grafische Umsetzung als Logo zu versuchen, da sie sich als künstlerisch unbegabt empfinden. Der Katechet sollte daran erinnern, dass bei einem Logo gerade die einfach gehaltene Gestaltung (vgl. Nike, Adidas etc.) zählt.

Verlauf der Einheit

Aussagen der Bibel

Der Katechet bittet die Jugendlichen, sich jeweils zu zweit zusammenzufinden und eine Karte zu ziehen, auf der eine biblische Passage steht. Im Gespräch sollen sie überlegen, wie der Heilige Geist im jeweils vorliegenden Text charakterisiert wird.

Ein Logo für den Geist

Um Produkte beim Konsumenten in Erinnerung zu halten, werden Logos entworfen, die etwas über ein bestimmtes Produkt aussagen. Die Logos leben davon, dass sie eine möglichst stark reduzierte Darstellung präsentieren (vgl. Nike, Adidas, Langnese). Wichtig ist, dass die Logos möglichst eine hohe Emotionalität besitzen und diese mit den Produkten, für die sie stehen, übereinstimmen. Die Entwicklung eines Logos ist ein komplexer Auftrag, der an (Werbe- oder Kommunikations-) Agenturen vergeben und häufig auch gut honoriert wird.
Im zweiten Schritt der Einheit fordert der Katechet die Partnerteams auf, dass diese nun jeweils als „Agentur" tätig werden und versuchen, ein Logo für den Heiligen Geist zu entwerfen. Dabei sollen sie zunächst auf einem Blatt notieren, was das Logo ihrer Meinung nach über den Heiligen Geist aussagen muss. Anschließend soll dies in einem stark reduzierten Bild als Logo umgesetzt werden.

Präsentation

Zum Abschluss wählt jede Agentur für sich selbst einen zugkräftigen Namen, unter dem sie firmiert. Dieser Firmenname wird dem Katecheten mitgeteilt. Der Reihe nach ruft er die einzelnen Agenturen auf, damit diese das von ihnen entwickelte Logo präsentieren. Wichtig ist bei der Präsentation, dass das jeweilige Logo sachlich begründet, zugleich aber auch werblich anpreisend der ganzen Gruppe vorgestellt wird. Die ganze Firmgruppe entscheidet, welche Agentur das aussagekräftigste Logo entwickelt hat.

Wegstrecke: Ein Logo für den Geist

In jenen Tagen kam Jesus aus Nazareth in Galiläa und ließ sich von Johannes im Jordan taufen. Und als er aus dem Wasser stieg, sah er, wie der Himmel sich öffnete und der Geist wie eine Taube auf ihn herabkam. Und eine Stimme aus dem Himmel sprach: Du bist mein geliebter Sohn, an dir habe ich Gefallen gefunden. *Mk 1,9-11*
Als der Pfingsttag gekommen war, befanden sich alle am gleichen Ort. Da kam plötzlich vom Himmel her ein Brausen, wie wenn ein heftiger Sturm daherfährt, und erfüllte das ganze Haus, in dem sie waren. Und es erschienen ihnen Zungen wie von Feuer, die sich verteilten; auf jeden von ihnen ließ sich eine nieder. Alle wurden mit dem Heiligen Geist erfüllt und begannen, in fremden Sprachen zu reden, wie es der Geist ihnen eingab. *Apg 2,1-4*
(Jesus sprach:) Der Geist ist es, der lebendig macht; das Fleisch nützt nichts. Die Worte, die ich zu euch gesprochen habe, sind Geist und sind Leben. *Joh 6,63*
(Jesus sprach:) Wenn ihr mich liebt, werdet ihr meine Gebote halten. Und ich werde den Vater bitten, und er wird euch einen anderen Beistand geben, der für immer bei euch bleiben soll. Es ist der Geist der Wahrheit, den die Welt nicht empfangen kann, weil sie ihn nicht sieht und nicht kennt. Ihr aber kennt ihn, weil er bei euch bleibt und in euch sein wird. *Joh 14,15-17*
Der Beistand aber, der Heilige Geist, den der Vater in meinem Namen senden wird, der wird euch alles lehren und euch an alles erinnern, was ich euch gesagt habe. Frieden hinterlasse ich euch, meinen Frieden gebe ich euch; nicht einen Frieden, wie die Welt ihn gibt, gebe ich euch. Euer Herz beunruhige sich nicht und verzage nicht. *Joh 14,26-27*
Die Hoffnung aber lässt nicht zugrunde gehen; denn die Liebe Gottes ist ausgegossen in unsere Herzen durch den Heiligen Geist, der uns gegeben ist. *Röm 5,5*
Der Gott der Hoffnung aber erfülle euch mit aller Freude und mit allem Frieden im Glauben, damit ihr reich werdet an Hoffnung in der Kraft des Heiligen Geistes. *Röm 15,13*

Wegstrecke: Was ist uns heilig?

Anlässe / Themen
- Heiliger Geist

bis zu 10 Personen

2 Stunden

- Heiligtümer der Jugendlichen
- Plakat DIN A2
- Kärtchen, Stifte
- Weißes Tuch (um Tisch ansprechend vorzubereiten)

- Text „Die Ausgießung des Geistes“

Charakter der Einheit
Gespräch – Aktion

Chancen
- Die Jugendlichen reflektieren, was ihnen im Leben wichtig ist.
- Die Jugendlichen gewinnen einen Zugang zum Begriff „heilig“.
- Die Jugendlichen erleben, dass die scheinbar „profane“ und „sakrale“ Welt ineinander verwoben sind.
- Die Jugendlichen reflektieren, welche Eigenschaften den Heiligen Geist prägen.

Biblisch-theologischer Kontext
Die Ausgießung des Geistes (Joel 3,1-2).

Mögliche Schwierigkeiten / weitere Hinweise
Diese Einheit lässt sich auch durchführen, ohne dabei eine Ausstellung der „Heiligtümer“ zu planen. Doch bietet solch ein Ausstellungsprojekt die Chance, eine Brücke zwischen der Firmgruppe und der gesamten Gemeinde zu schlagen.
Um den Jugendlichen einen Zugang zum „Heiligen Geist“ zu ermöglichen, muss ihnen bewusst werden, wo sie im Alltag etwas als heilig empfinden. Wichtig ist ein betont respektvoller und ehrfürchtiger Umgang mit den Gegenständen der Jugendlichen, damit sie erleben, dass sie eine vielleicht unvermutete religiöse Dimension besitzen und dass man den heiligen Dingen im Leben mit angemessenen Umgangsformen begegnet.

Verlauf der Einheit

Die Heiligtümer der Jugendlichen

Der Katechet bitte die Jugendlichen, für diese Einheit einen Gegenstand mitzubringen, an dem sie besonders hängen und der ihnen heilig ist. Dies kann ein Teddy genauso sein wie ein Turnschuh, eine CD, ein Photo etc. Zu Beginn der Einheit werden alle Gegenstände auf einen Tisch gelegt. Da es sich um Gegenstände handelt, die den Jugendlichen erklärtermaßen heilig sind, sollte der Tisch mit einem Tischtuch angemessen ehrfürchtig gestaltet sein. Nun stellen die Jugendlichen den anderen jeweils den Gegenstand vor, den sie mitgebracht haben. Sie erzählen, woher er stammt, welche Geschichte sie mit dem Gegenstand verbinden, wie sie mit ihm umgehen und warum der Gegenstand ihnen besonders heilig ist.

Was ist uns heilig?

Der Katechet legt ein Plakat in die Mitte mit der Aufschrift „Was ist uns heilig?“ Er bittet die Jugendlichen, nochmals in Stichworten auf diesem Plakat zu fixieren, was ihnen an den mitgebrachten Gegenständen heilig ist. Anschließend geht er auf diese Stichworte ein und betont, dass es in der Bibel Überlieferungen gibt, in denen gerade die manchmal auch ungewöhnlichen Vorstellungen der Jugendlichen einen besonderen Stellenwert besaßen. Von den frischen Impulsen junger Leute erhoffte man sich eine Erneuerung verkrusteter Zustände. Der Katechet liest eine Passage aus dem Buch des Propheten Joel vor und lässt anschließend Zeit für spontane Äußerungen der Jugendlichen.

Vorbereitung einer Ausstellung

Der Katechet ermutigt die Jugendlichen, in den von ihnen genannten Stichworten auch Visionen für ein menschliches Zusammenleben zu erkennen. Da die Kirche auch heute auf junge Impulse angewiesen ist, schlägt er vor, die Gedanken über das Heilige im Leben in die Gemeinde einzubringen. Der Katechet erläutert, dass es in der katholischen Kirche die Tradition gibt, Heiligtümer aufzubewahren und regelmäßig auszustellen. Zusammen mit den Jugendlichen überlegt er, wo und wie die Gruppe die von ihnen zusammengetragenen Heiligtümer in der Gemeinde ausstellen bzw. präsentieren können: Im Rahmen eines Gottesdienstes, in der Kirche, im Pfarrzentrum.

Sinnvoll ist es, bei solch einer Ausstellung für jeden Gegenstand der Jugendlichen eine kleine „Legende“ auf eine Karte zu schreiben, die dann mit dem jeweiligen Gegenstand präsentiert werden kann. Die Legende sollte den Namen und das Alter des Jugendlichen nennen und in wenigen Sätzen erläutern, warum dieser Gegenstand dem Jugendlichen heilig ist.

Wegstrecke: Was ist uns heilig?

Die Ausgießung des Geistes

Danach aber wird es geschehen, dass ich meinen Geist ausgieße über alles Fleisch. Eure Söhne und Töchter werden Propheten sein, eure Alten werden Träume haben, und eure jungen Männer haben Visionen. Auch über Knechte und Mägde werde ich meinen Geist ausgießen in jenen Tagen.

Joel 3,1-2

Wegstrecke: Christen vor dem Kirchlichen Rat

Anlässe / Themen
- Heiliger Geist
- Heilige

mindestens 8 Personen

2 Stunden

- Biographiekarten
- Arbeitsblätter mit den Biographien großer Christen

Charakter der Einheit
Rollenspiel

Chancen
- Die Jugendlichen lernen beispielhafte Christen kennen, deren Leben durch eckige Konturen fasziniert.
- Die Jugendlichen erfahren, dass gerade Heilige mit ihrer außergewöhnlichen Lebensweise oft aneckten.

Biblisch-theologischer Kontext
Das Wirken des Heiligen Geistes zeigt seine unterschiedlichen Spuren im Leben der Menschen.

Mögliche Schwierigkeiten / weitere Hinweise
Diese Einheit ist inhaltlich sehr anspruchsvoll und kann nur in einer größeren Gruppe durchgeführt werden. Bei diesem Rollenspiel erhalten einige Jugendliche eine kurze Biographie der Person, die sie bei der Befragung darstellen sollen. Da die Lebensbeschreibungen nur einige ausgewählte Informationen beinhalten, werden die Jugendlichen auf einige Fragen der anderen Jugendlichen nicht antworten können. Der Katechet sollte darauf hinweisen, dass sie bei solchen Fragen natürlich auf die fehlende Information verweisen können.

Verlauf der Einheit

Ein Gesicht geben

Der Katechet erläutert eingangs kurz den Verlauf der Einheit: Einige Jugendliche sollen sich in die Rolle bestimmter Persönlichkeiten versetzen und einem „Kirchlichen Rat“ Rede und Antwort stehen, dem merkwürdige Details über das Leben dieser Personen zu Ohr gekommen sind. Dieser Rat will entscheiden, ob er im Leben dieser Persönlichkeiten ein Wirken des Heiligen Geistes feststellen kann. Einer der Jugendlichen ist der „Ratsvorsitzende“, die anderen Jugendlichen seine Beisitzer.
Nachdem der Katechet dies kurz umrissen hat, bittet er drei Jugendliche, sich jeweils eine Kurzbschreibung über das Leben ausgewählter Christen durchzulesen und sich anschließend für eine Person zu entscheiden, die sie im weiteren Verlauf der Einheit darstellen wollen. Der Katechet händigt ihnen anschließend die ausführlichere Biographie der ausgewählten Person aus und bittet diese Jugendlichen, sich in einem anderen Raum ca. eine Viertelstunde lang mit dem Leben der Person vertraut zu machen, die sie im folgenden Rollenspiel darstellen werden.

Die Aufgabe des Kirchlichen Rats

Der Katechet erklärt dem „Kirchlichen Rat“ anschließend seine Aufgabe: Er soll die drei Persönlichkeiten der Reihe nach zu ihrem Leben befragen. Einige Fragen sind vorgegeben, doch können sowohl der Ratsvorsitzende als auch die Beisitzer zusätzliche Fragen stellen. Mit ihren Fragen soll sich der Rat ein Bild über den Charakter und Lebenswandel der Befragten machen. Alle Fragen sind gestattet, nur die Fragen nach den Namen der Persönlichkeiten sind verboten – diese sollen dem „Kirchlichen Rat“ bis nach seiner Urteilsverkündung verborgen bleiben. Für jede Befragung hat der Rat bis zu zehn Minuten Zeit.

Die Befragung

Die Mitglieder des Kirchlichen Rates setzen sich zusammen und erhalten als Hilfe den Fragenkatalog. Nun rufen sie die drei anderen Jugendlichen wieder herein, die sich ihnen gegenüber setzen sollen. Anschließend beginnt die Befragung. Nachdem der Rat alle Personen befragt hat, zieht er sich fünf Minuten lang zur Beratung zurück. Anschließend soll er entscheiden und begründen, in wessen Leben er die Kraft des Heiligen Geistes wirken sieht.

Wegstrecke: Christen vor dem Kirchlichen Rat

Biographiekarten

Der Narr Gottes

Der Sohn eines Rechtsanwaltes riss von zu Hause aus und lebte dann als Penner in einer Großstadt. Seine Spezialität waren skurrile Scherze. So ließ er sich z.B. mitten in einer neuen Kirche während eines Gottesdienstes von einem Barbier eine neue Frisur machen, oder er stolzierte als Kardinal verkleidet durch die Stadt. Dabei hatte er stets die Lacher auf seiner Seite.
Es passierte auch, dass er plötzlich in religiöse Ekstase geriet - dann wurde er meistens ausgelacht. Der lockere religiöse Treffpunkt, den er gründete, war - im Gegensatz zu den Kirchenhäusern - stets überfüllt.

Die meditierende Emanze

Sie schloss sich gegen den Willen ihrer Eltern einer christlichen Frauengruppe an und besetzte mit Gesinnungsgenossinnen ein kleines Haus, in dem sie eine Wohn- und Lebensgemeinschaft gründete. Dank ihrer guten Beziehungen konnte eine Räumung durch die Polizei verhindert werden. Ihre radikalen Ideen vom christlichen Leben brachten ihr viel Ärger ein. So musste sie sich z.B. vor einem Prüfungsausschuss für ihr Handeln verteidigen. Nicht zuletzt war sie eine Kämpferin für die Frauen-Emanzipation, die auch Sätze wie „Verflucht sei der Mann“ von sich gab.

Die Stimme der Gerechtigkeit

Er war unpolitisch, konservativ und Priester in El Salvador, einem Land in Mittelamerika, das von wenigen reichen Familien und von Militärs beherrscht und ausgebeutet wurde. Er wurde Erzbischof von San Salvador, der Hauptstadt des Landes, und erlebte, wie Priester und Laien seines Bistums, die sich für die Rechte der Armen einsetzten, von rechtsgerichteten Todesschwadronen umgebracht wurden. Diese Erfahrung veränderte ihn. Er begann, die ungerechten Zustände anzuklagen, rief die Soldaten zur Befehlsverweigerung auf, wurde Anwalt der Armen: „Es ist die Aufgabe einer gerechten Kirche, unter den Armen zu arbeiten, zu ihnen in einer echten Solidarität zu stehen, selbst bis zum Punkt des Risikos und des Schicksals der Verfolgung, willig das maximale Zeugnis der Liebe zu geben, um diejenigen, die Jesus besonders liebte, zu verteidigen und zu beschützen.“ Während eines Gottesdienstes wurde er erschossen.

Wegstrecke: Christen vor dem Kirchlichen Rat

Fillipo Neri

Der Narr Gottes

Das Rom der späten Renaissance war nicht gerade ein Ort der stillen Frömmigkeit: Maskenball im Vatikan, ein 17jähriger „Lustknabe“ wird zum Kardinal geweiht, und eine uneheliche Kaisertochter heiratet einen Papstenkel. In diese Stadt kommt der junge Fillipo Neri. Am 21.7.1515 geboren, läuft er schon 1532, mit 17, seinem Vater, einem Notar aus Florenz, davon. Der jugendliche Ausreißer lebt als Stadtstreicher in Rom. Einer der vielen Gassenlümmel. Und doch ein bisschen anders als die anderen: Fillipo Neri ist fromm.

Das ist nicht selbstverständlich in einer Zeit, in der manche Gläubige die Kirche nur noch durch Seiteneingänge betreten, um nicht verspottet zu werden. Priester rufen oft nur noch Gelächter am Altar hervor, weil sie nicht mehr wissen, wie man die Messe liest, oder weil sie absichtlich Unfug mit dem Messritus treiben.
Fillipo Neri ist fromm, sehr fromm. Frömmigkeit bedeutet nicht zwangsläufig, nur mit gefalteten Händen und mildem Blick schräg nach oben zu schauen. Bei Fillipo Neri ist Frömmigkeit eine tiefe Leidenschaft. Wenn er in religiöse Ekstase gerät, gibt es keine Beherrschung mehr: er stößt einen Schrei aus oder tanzt und springt durch die Kirche. Beim Anblick eines Kreuzes kann es passieren, dass er in Tränen ausbricht und die Hände zum Himmel reckt. In völliger Ekstase steht er dann da. Man kann ihn anschreien oder schlagen, er zeigt keine Reaktion. Wenn diese religiösen Ekstasen abgeklungen sind, hat er nur eine einfache Erklärung dafür: „Ich bin wund vor Liebe zu Gott.“
Weil ihn diese religiöse Verzückung körperlich stark belastet, versucht Fillipo Neri sich abzulenken, z.B. durch die Lektüre unseriöser Romane. Aber es gelingt ihm nicht. Immer wieder packt ihn der Rausch religiöser Ekstase.
Meist erntet Fillipo Neri nur Gelächter und Hohn für seine Frömmigkeits-Ausbrüche. Aber es gelingt ihm immer wieder, höhnische Lacher auf seine Seite zu ziehen, sie für die Faszination des Glaubens aufzuschließen. Dabei hilft ihm vor allem sein Humor. Unzählige Witze soll Fillipo Neri erzählt haben. Manche hat er auch selbst gespielt: Als Kardinal kostümiert, lässt er sich von Straßenjungen die Schleppe tragen. Einmal bestellt er den Friseur in die Kirche und lässt sich mitten im Gottesdienst mit vielen Faxen neu frisieren. Fillipo Neri, der Narr Gottes, wird bald so etwas wie der „Stadtheilige“ von Rom. Obwohl er sich dagegen sträubt, wird er schließlich sogar zum Priester geweiht. (Er hat Angst, beim Feiern der Messe ständig in Ekstase zu geraten.) In einer Dachkammer sammelt er Anhänger um sich, denen er religiöse Texte vorliest. Die Predigt über den Text hält dann kein Priester, sondern einer der Anwesenden, manchmal sogar ein Kind. In einem größeren Dachboden bildet sich dann eine Art lockere Wohngemeinschaft, die sich „Oratorium“ nennt: Es gibt keine Regeln, noch nicht einmal feste gemeinsame Mahlzeiten, man lebt einfach zusammen in zwangloser Frömmigkeit. Auch heute gibt es noch „Oratorianer“. Sie betreiben z.B. in Aachen Deutschlands erstes Hospiz (Sterbeklinik).
In einem Punkt irrte sich Fillipo Neri jedoch. Nachdem er, immerhin schon siebzig Jahre alt, mit seinem späteren Freund, dem später heilig gesprochenen Felix von Cantalice, einen dicken Schlauch voll Wein geleert hatte und durch die Kirchen von Rom torkelte und unanständige Lieder gesungen hatte, meinte er: „Felix, das war deine beste Idee. Jetzt kommt bestimmt niemand mehr auf die Idee, uns beide als Heilige zu verehren.“ Es kam anders. Am 26.5.1595 starb Fillipo Neri, am 12.5.1622 wurde er heilig gesprochen.

aus: W. Christmann, Exemplarische Christen. Materialdienst 1-90

Wegstrecke: Christen vor dem Kirchlichen Rat

Fragen für den „Kirchlichen Rat“

- Sind Sie fromm?
- Was zeichnet Ihr Leben aus?
- Sieht Ihr Leben anders aus als das Ihrer Mitbürger?
- Wie reagiert die Umwelt auf Ihren Lebensweg?
- Haben Sie Gegner oder sogar Feinde?
- Gibt es in Ihrem Leben ein Ereignis, das Sie als Bekehrung bezeichnen können?

Wegstrecke: Blitz - Das Boulevardblatt

Anlässe / Themen

- Heiliger Geist
- Heilige

bis zu 10 Personen

2 Stunden

- Papier, Stifte

- Arbeitsblätter mit Biographien

Charakter der Einheit
Reflexion – Partnerarbeit – Gespräch

Chancen

- Die Jugendlichen reflektieren, dass das Wirken des Heiligen Geistes Spuren im Leben der Menschen hinterlässt.
- Die Jugendlichen erkennen, dass Christen mit ihrem Leben zugleich anecken und überzeugen.

Biblisch-theologischer Kontext
Ein alternativer Lebensstil prägt das Leben vieler Christen (Röm 12,2).

Mögliche Schwierigkeiten / weitere Hinweise
Möglicherweise haben einige Jugendliche Hemmungen, einen „richtigen Zeitungsartikel" zu verfassen. Der Katechet kann sie ermutigen indem er darauf verweist, dass Boulevardjournalisten umgangssprachlich formulieren und die Sachverhalte möglichst einfach darstellen. Gedankenakrobatik wird nicht gewünscht.

Verlauf der Einheit

Was sind Heilige?

Der Katechet bittet die Jugendlichen, sich spontan (bzw. in einem „Blitzlicht") zu folgenden Stichworten zu äußern:

- christlicher Lebensstil
- Vorbilder
- religiöse Vorbilder
- Heilige
- Heiligenverehrung
- ...

Außergewöhnliche Biographien

Im zweiten Schritt bittet der Katechet die Jugendlichen, sich paarweise zusammenzufinden. Sie sollen in den Zweiergruppen jeweils ein Redaktionsteam des Boulevardblatts „Blitz" bilden. Der Katechet händigt jedem Redaktionsteam die Biographie eines außergewöhnlichen Christen (siehe Seite 119-121) aus und bittet das Team, die Lebensbeschreibung zu lesen. Anschließend soll das Redaktionsteam einen möglichst reißerisch formulierten Text über die beschriebene Person fomulieren, der nicht länger als eine DIN A4-Seite sein darf. Natürlich gehört zu diesem Text, der in „Blitz" veröffentlicht werden soll, eine flotte Überschrift. Das Schreiben der Beiträge wird einige Zeit (ca. 1 Stunde) in Anspruch nehmen. Gut ist es, wenn verschiedene Räume für die Arbeit der Redaktionsteams zur Verfügung stehen.

Artikel für Blitz

Wenn alle Artikel geschrieben sind, treffen sich die Redaktionsteams zur Redaktionskonferenz. Sie stellen sich ihre Beiträge gegenseitig vor. Damit die Beiträge in regelmäßigen Abständen in Blitz erscheinen können, muss im Boulevardblatt natürlich eine neue Rubrik eingeführt werden. Der Katechet übernimmt die Rolle des Chefredakteurs und fordert die „Redakteure" auf, gemeinsam einen prägnanten Rubrikentitel für die geschriebenen Beiträge zu formulieren. Was muss solch ein Rubrikentitel aussagen?

Chefkritik

Nachdem alle Artikel in der neuen Rubrik in „Blitz" erschienen sind, trifft sich die Redaktionskonferenz noch einmal. Der Katechet schlüpft wieder in die Rolle des gesprächsleitenden Chefredakteurs und fragt die „Redakteure", was sie bei der Begegnung mit den beschriebenen Persönlichkeiten besonders angesprochen hat.

Wegstrecke: Grenzen überwinden

Anlässe / Themen
- Geist
- Wo der Geist weht ist Befreiung

bis zu 10 Personen

1-2 Stunden

- 5m Stacheldraht (z.B. aus einem Baumarkt), der zu einem Kreis gebogen wird.
- Zettel, Stifte

- Bild „Untitled“ von Keith Haring
- Kopierte Bibelstellen

Charakter der Einheit
Diskussion – Stille – Meditation

Chancen
- Die Jugendlichen benennen eigene Grenzerfahrung und erfahren, dass sie sich in der Gruppe den eigenen Grenzen stellen dürfen.
- Sie setzen sich mit der biblischen Botschaft vom befreienden Geist Gottes auseinander.

Biblisch-theologischer Kontext
Der Heilige Geist ist biblisch gesprochen eine Kraft, die Neues schafft, die Gerechtigkeit zum Ziel hat, die in Grenz- und Notsituationen beisteht und frischen Wind in die Welt bringt.

Mögliche Schwierigkeiten / weitere Hinweise
Diese Einheit setzt bei der Gruppe ein gewisses Maß an Vertrauen voraus, da sehr persönliche Aspekte zur Sprache kommen können. Es sollte im Vorfeld daran erinnert werden, dass all das, was in dieser Einheit zur Sprache kommt, nicht nach außen getragen wird!

Verlauf der Einheit

Einstieg

Die Gruppe versammelt sich im Kreis – je nach Möglichkeit auf dem Boden. In der Mitte liegt ein kreisförmiger Stacheldraht. Der Katechet teilt der Gruppe mit, dass die heutige Einheit um das Thema „Grenzen erfahren - Grenzen überwinden" kreist. Jeder Jugendliche bekommt einige Zettel auf denen er aufschreiben soll, wo er in seinem Leben Grenzen erfahren hat bzw. erfährt. Dazu lässt der Katechet ruhige, meditative Musik laufen. Wenn alle Jugendlichen mit dem Schreiben fertig sind, werden die Zettel vorgelesen und an dem Stacheldraht befestigt.

Bildbetrachtung

Das Bild „Untitled" von Keith Haring wird vom Katecheten an der Wand befestigt. Die Jugendlichen tauschen ihre ersten Eindrücke aus. Anschließend versucht die Gruppe, dem Bild einen Namen zu geben. Besteht eine Verbindung zwischen dem Bild und der als Einstieg gewählten Stacheldrahtaktion? Der Katechet gibt der Gruppe einige Hinweise zum Leben und Werk von Haring (Als Keith Haring 1980 31jährig starb, hinterließ er ein künstlerisches Erbe, das die 80er Jahre nachhaltig prägte. Seine Bilder waren überall zu finden: Auf Nachtclub-Wänden ebenso wie in modernen Bürogebäuden, auf T-Shirts, Postern etc. Haring besaß die Fähigkeit, die Gegenwart in ihrer Vielfalt darzustellen. Mit einer unvorstellbaren Schaffenskraft, Leichtigkeit und Ironie entstanden viele seiner Werke im Angesicht von Aids. Keith Haring, der selbst Opfer dieser Krankheit wurde, ließ die Erträge aus seinen Werken ausschließlich wohltätigen Zwecken zukommen). Daraufhin teilt er der Gruppe mit, dass Haring das Bild mit dem Satz „Nichts ist so erfrischend, wie ein beherzter Schritt über die Grenzen" kommentiert hat. Nun soll jeder Jugendliche sich noch einmal seine Grenzen in Erinnerung rufen, die er bei der Einstiegsaktion aufgeschrieben hat. Was sagt ihm das Bild in Bezug auf seine Grenzerfahrungen? Hierüber findet ein kurzer Austausch statt.

Bibelgespräch

Biblisch ist der Geist Gottes eine Kraft, die Menschen immer wieder Grenzen überschreiten lässt. Mit diesem Hinweis verteilt der Katechet die kopierten Bibelstellen im Raum und lädt die Jugendlichen ein, in Ruhe diese Stellen zu lesen. Jeder soll dann die Bibelstelle, die ihn im Moment am meisten anspricht, auswählen. Jede Stelle ist mehrmals kopiert, so dass mehrere Jugendliche dieselbe Stelle auswählen können. Wenn jeder eine Bibelstelle ausgesucht hat, versammelt sich die Gruppe wieder im Kreis um den Stacheldraht. Reihum lesen nun die Jugendlichen die von ihnen gewählte Bibelstelle vor und erzählen den anderen, warum sie gerade diese Stelle ausgewählt haben. Die Aussagen der Jugendlichen werden an dieser Stelle so stehen gelassen. Es soll keine Diskussion stattfinden. Die Bibelstellen werden über den Stacheldraht gelegt. Wenn alle Jugendlichen ihre Statements abgegeben haben, kann der Katechet mit folgenden Impulsen die Jugendlichen zu einem Austausch motivieren:

- Ist euch an den Äußerungen der anderen etwas aufgefallen?
- Hat euch etwas besonders angesprochen oder gestört?
- Könnt ihr die Bibelstellen in Verbindung bringen mit den Grenzerfahrungen, die ihr zu Beginn dieser Einheit an den Stacheldraht geheftet habt?

Abschluss

Zum Abschluss der Einheit liest der Katechet oder einer der Jugendlichen den Text „Was heißt Begeisterung?" vor.

Wegstrecke: Grenzen überwinden

Bibelstellen

Verbirgst du dein Gesicht, sind sie verstört; nimmst du ihnen den Atem, so schwinden sie hin und kehren zurück zum Staub der Erde. Sendest du deinen Geist aus, so werden sie alle erschaffen, und du erneuerst das Antlitz der Erde. *Ps 104,29-30*	Der Wind weht, wo er will; du hörst sein Brausen, weißt aber nicht, woher er kommt und wohin er geht. So ist es mit jedem, der aus dem Geist geboren ist. *Joh 3,8*
Wenn aber der Geist aus der Höhe über uns ausgegossen wird, dann wird die Wüste zum Garten, und der Garten wird zu einem Wald. In der Wüste wohnt das Recht, die Gerechtigkeit weilt in den Gärten. Das Werk der Gerechtigkeit wird der Friede sein, der Ertrag der Gerechtigkeit sind Ruhe und Sicherheit für immer. *Jes 32,15-17*	Der Beistand aber, der Heilige Geist, den der Vater in meinem Namen senden wird, der wird euch alles lehren und euch an alles erinnern, was ich euch gesagt habe. Frieden hinterlasse ich euch, meinen Frieden gebe ich euch; nicht einen Frieden, wie die Welt ihn gibt, gebe ich euch. Euer Herz beunruhige sich nicht und verzage nicht. *Joh 14,26-27*
Denn so spricht der Hohe und Erhabene, der ewig Thronende, dessen Name «Der Heilige» ist: Als Heiliger wohne ich in der Höhe, aber ich bin auch bei den Zerschlagenen und Bedrückten, um den Geist der Bedrückten wieder aufleben zu lassen und das Herz der Zerschlagenen neu zu beleben. *Jes 57,15*	Da kam plötzlich vom Himmel her ein Brausen, wie wenn ein heftiger Sturm daherfährt, und erfüllte das ganze Haus, in dem sie waren. Und es erschienen ihnen Zungen wie von Feuer, die sich verteilten; auf jeden von ihnen ließ sich eine nieder. Alle wurden mit dem Heiligen Geist erfüllt und begannen, in fremden Sprachen zu reden, wie es der Geist ihnen eingab. *Apg 2,2-4*
Seht, das ist mein Knecht, den ich erwählt habe, mein Geliebter, an dem ich Gefallen gefunden habe. Ich werde meinen Geist auf ihn legen, und er wird den Völkern das Recht verkünden. *Mt 12,18*	In den letzten Tagen wird es geschehen, so spricht Gott: Ich werde von meinem Geist ausgießen über alles Fleisch. Eure Söhne und eure Töchter werden Propheten sein, eure jungen Männer werden Visionen haben, und eure Alten werden Träume haben. *Apg 2,17*
Und wenn man euch abführt und vor Gericht stellt, dann macht euch nicht im voraus Sorgen, was ihr sagen sollt; sondern was euch in jener Stunde eingegeben wird, das sagt! Denn nicht ihr werdet dann reden, sondern der Heilige Geist. *Mk 13,11*	Auch über meine Knechte und Mägde werde ich von meinem Geist ausgießen in jenen Tagen, und sie werden Propheten sein. *Apg 2,18*
Der Geist des Herrn ruht auf mir; denn der Herr hat mich gesalbt. Er hat mich gesandt, damit ich den Armen eine gute Nachricht bringe; damit ich den Gefangenen die Entlassung verkünde und den Blinden das Augenlicht; damit ich die Zerschlagenen in Freiheit setze. *Lk 4,18*	Der Herr aber ist der Geist, und wo der Geist des Herrn wirkt, da ist Freiheit. *2 Kor 3,17*

Wegstrecke: Grenzen überwinden

Was heißt Begeisterung?

Im Wort „Begeisterung“ steckt das Wort „Geist“ und dieses Wort gebrauchen wir in verschiedenen Zusammenhängen:

- sich begeistern lassen
- den anderen begeistern
- begeistert sein
- geistesabwesend
- im Geiste von jemandem handeln
- geistreich
- Geistesblitz
- Geistesgaben
- Geistesgegenwart
- Begeisterungssturm
- entgeistert
- mit Geisteszungen reden
- vom Geist ergriffen sein

Woran lag es, dass die Person Jesu so aufgefallen ist in ihrer Zeit? Und dass heute noch sein Wort in uns lebendig ist? Ich denke, es war die Begeisterung, die er ausgestrahlt hat für seine Sache. Er hat die von ihm Angesprochenen zum Nachdenken gebracht. Er hat sie dazu gebracht, an ihn und seine Botschaft zu glauben. Das gab Kraft und Mut zum Weiterleben.
In der Begeisterung steckt Geist, Mut, Kraft und Leben. Die Jünger Jesu haben sich begeistern lassen, dadurch ihre Angst und Verzweiflung überwunden und zu den Menschen über ihren Glauben und die Botschaft Jesu vom Reich Gottes gesprochen. Alle konnten verstehen, was die Jünger sagten. Sie waren sich nicht mehr fremd und spürten: es kommt nicht auf die Sprache an, es kommt nicht darauf an, zu welchem Volk oder zu welcher Rasse einer gehört, denn Menschen, die auf Jesus hören, können einander verstehen. Menschen unterschiedlicher Herkunft mit verschiedenen Fähigkeiten und Zielen werden zu einer Gemeinschaft, die weiß, in wessen Namen und aus wessen Geist sie die Gegenwart verändern und die Zukunft vorbereiten kann.

Wegstrecke: Grenzen überwinden

Untitled, 1989
Silkscreen
© The Estate of Keith Haring

Kirche

Wegstrecke: Wie war es anfangs?

Das Leben in der Urgemeinde

Alle, die gläubig geworden waren, bildeten eine Gemeinschaft und hatten alles gemeinsam. Sie verkauften Hab und Gut und gaben davon allen, jedem so viel, wie er nötig hatte. Tag für Tag verharrten sie einmütig im Tempel, brachen in ihren Häusern das Brot und hielten miteinander Mahl in Freude und Einfalt des Herzens. Sie lobten Gott und waren beim ganzen Volk beliebt. Und der Herr fügte täglich ihrer Gemeinschaft die hinzu, die gerettet werden sollten.
Apg 2,44-47

Herr, erwecke deine Kirche

T: Gebet eines chinesischen Christen
M: Chris Herbring

Kanon zu 4 Stimmen

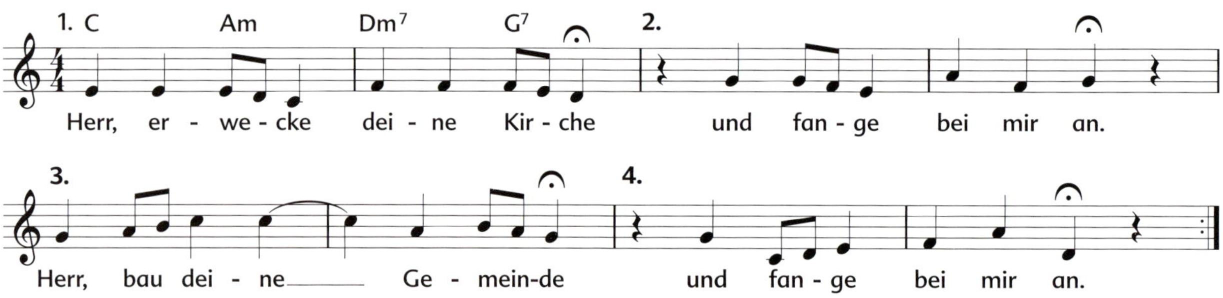

Was ist daraus geworden?

Leben in der Urgemeinde	Leben bei uns
Alle bildeten eine Gemeinschaft.	
Sie verkauften Hab und Gut und gaben davon allen, jedem so viel, wie er nötig hatte.	
Sie verharrten einmütig im Tempel.	
Sie brachen in ihren Häusern das Brot und hielten miteinander Mahl in Freude und Einfalt des Herzens.	
Sie lobten Gott.	
Sie waren beim ganzen Volk beliebt.	
Der Herr fügte täglich ihrer Gemeinschaft die hinzu, die gerettet werden sollten.	

Wegstrecke: Unser Traum von einer Kirche

Anlässe / Themen
- Kirche

bis zu 10 Personen

2 Stunden

- Papier, Stifte

- verschiedene Kirchen-Grafiken, vergrößert auf Format DIN A4

Charakter der Einheit
Bildbetrachtung – Reflexion

Chancen
- Die Jugendlichen werden mit verschiedenen Kirchenbildern konfrontiert.
- Die Jugendlichen formulieren eine eigene Vision von der Kirche.

Biblisch-theologischer Kontext
Das Leben in der Gemeinde (Apg 2,44-47).

Mögliche Schwierigkeiten / weitere Hinweise
Die Jugendlichen machen sich viel Mühe, persönliche Gedanken im Brief zu formulieren. Der Katechet sollte sich überlegen, wer in der Gemeinde (oder im Bistum) in der Lage ist, die Briefe der Jugendlichen aufmerksam zu lesen und einfühlsam und angemessen zu beantworten.

Verlauf der Einheit

Kirchenbilder

Der Katechet hat die verschiedenen Kirchenbilder vergrößert und hängt sie als Galerie an die Wand. Die Jugendlichen betrachten die Motive und überlegen, welche Titel sie den einzelnen Motiven geben können. Welche Bilder sind ihnen sympathisch und warum?

Ein offener Brief

Nachdem die Jugendlichen sich mit den verschiedenen Kirchenbildern auseinander gesetzt haben, schreiben sie jeweils einen Brief an „ihre Kirche". In diesem Brief erläutern sie zunächst, welches Bild sie persönlich am meisten angesprochen hat. Anschließend sollen sie ihren Traum einer neuen Kirche beschreiben. Wie müsste sie aussehen? Wie sollten sich die Menschen untereinander verhalten? Wie sollten sie miteinander Gottesdienst feiern? In welchen Bereichen sollte sich die Kirche engagieren? Und in welchem Bereich hätte der Briefschreiber selbst Lust, am Leben der Kirche mitzuwirken, es zu gestalten? Der Brief sollte höflich formuliert sein. Wenn die Jugendlichen ihre Briefe geschrieben haben, lesen sie diese der gesamten Gruppe vor. Anschließend schlägt der Katechet vor, die Briefe an eine kirchliche Institution zu senden. Die Gruppe überlegt, an welche: an das Pastoralteam, an die Firmkatecheten, an den Pfarrer, an den Bischof. Der Katechet leitet die Briefe weiter und überlegt, in welcher Form die Gruppe eine Rückmeldung erhalten kann.

Ein frischer Impuls

Nachdem die Jugendlichen ihre Kirchenvision niedergeschrieben haben überlegen sie, welcher Bereich in der Gemeinde ihnen so wichtig ist, dass sie ihn kennen lernen und sich dort evtl. engagieren wollen. Der Katechet hat eine Liste vorbereitet, in der verschiedene Gruppen und Initiativen (bzw. Institutionen) aufgeführt sind. Gemeinsam überlegen die Jugendlichen, zu welcher Gruppe oder Initiative sie Kontakt aufnehmen möchten. Der Katechet wird entweder einen Vertreter dieser Gruppe zum nächsten Treffen im Rahmen der Firmvorbereitung einladen oder mit ihm vereinbaren, wie die Jugendlichen Kontakt mit der Gruppe / Initiative aufnehmen können.

Wegstrecke: Unser Traum von einer Kirche

Kirchen-Grafiken

Wegstrecke: St. Vielfalt

Anlässe / Themen
- Kirche
- Unsere Gemeinde

bis zu 10 Personen

2 Stunden

- evtl. Vergrößerung des Arbeitsblatts
- Stifte

- Arbeitsblatt „St. Vielfalt“

Charakter der Einheit
Gespräch

Chancen
- Die Jugendlichen erfahren, wie vielfältig das Leben in ihrer Gemeinde ist.
- Die Jugendlichen reflektieren, welche Bereiche zu den Kernaufgaben einer christlichen Gemeinde gehören.
- Die Jugendlichen nehmen Kontakt zu einer Gruppe in der Gemeinde auf.

Biblisch-theologischer Kontext
Eine Gemeinde stellt sich heute als Gemeinschaft von Gemeinschaften dar. Dabei setzt jede Gruppe Akzente, mit denen sie das Gemeindeleben liturgisch, diakonisch, katechetisch oder gemeinschaftsstiftend bereichert.

Mögliche Schwierigkeiten / weitere Hinweise
Diese Katechese ist anspruchsvoll. Wenn die Jugendlichen nur wenig Kontakt zu ihrer Gemeinde haben, wird ihnen der erste Schritt schwer fallen. Entweder hilft der Katechet, indem er über die bunten Gruppen und Aktivitäten berichtet oder er lädt einen Jugendlichen zu dieser Einheit ein, der aktiv am Gemeindeleben teilnimmt, damit er berichten kann.

Verlauf der Einheit

Facetten unserer Gemeinde

Der Katechet bittet die Jugendlichen, verschiedene Gruppen, Initiativen, Vereine, Verbände und Gremien zu nennen, die es in ihrer Gemeinde gibt. Besonders anschaulich wird es, wenn sie jeweils Personen benennen können, die in den von ihnen genannten Bereichen mitwirken. Wenn Jugendliche nicht wissen, was sich hinter einem der genannten Begriffe verbirgt, sollen sie es sich von den anderen Jugendlichen oder dem Katecheten erläutern lassen.

Was ist wichtig?

Anschließend bilden die Jugendlichen Zweierteams. Der Katechet teilt das Arbeitsblatt „St. Vielfalt“ aus. Darauf sind verschiedene Tätigkeitsfelder im Leben einer Kirchengemeinde genannt. In den kleinen Teams sollen die Jugendlichen überlegen, wie wichtig sie das jeweilige Engagement in der Pfarrei St. Vielfalt finden. Anschließend kommen die Teams zusammen und stellen sich gegenseitig ihre Einschätzungen vor. (Eventuell kann der Katechet das Arbeitsblatt „St. Vielfalt“ auf das Format DIN A3 kopieren, aufhängen und die Zweierteams bitten, sich im Gespräch auf eine gemeinsame Einschätzung zu einigen.)

Was will ich näher kennen lernen?

Die Präsentation kann bereits den Abschluss der Einheit bilden. Alternativ kann der Katechet die Jugendlichen jedoch bitten, sich einen Bereich aus dem Gemeindeleben von St. Vielfalt herauszusuchen, der sie persönlich interessiert. Bis zum nächsten Treffen sollen die Jugendlichen herausfinden, was in diesem Bereich in ihrer Pfarrei „läuft“ und dies zu Beginn des nächsten Treffens der Firmgruppe vorstellen.

Wegstrecke: St. Vielfalt

St. Vielfalt

Bereich	sehr wichtig	wichtig	mittel-mäßig	weniger wichtig	unwichtig
Sonntagsmesse					
Werktagsmesse					
Schulgottesdienst					
Kleinkindergottesdienst					
Jugendgottesdienst					
Rosenkranzandacht					
Früh- bzw. Spätschicht					
Kommuniongruppen					
Firmgruppen					
Taufvorbereitung					
Ehevorbereitung					
Krankensalbung					
Jugendgruppen					
Glaubensgespräche für Jugendliche					
offene Jugendarbeit					
Arbeitslosentreff					
Frauenvereinigung					
„Krabbel"-Gruppen					
Ausländerberatung					
Asylbewerberberatung					
Eine-Welt-Kreis					
Ferienfreizeit für Kinder					
Ferienfreizeit für Jugendliche					
Ökumenischer Gesprächskreis					
Bibelkreis					
Familienkreis					
Kirchenchor					
Kinderchor					
Jugendchor					
Krankenbesuchsdienst					
Seniorennachmittage					
Pfarrbriefteam					
Pfarrgemeinderat					
Kirchenvorstand					
Pastoralteam					
AG Öffentlichkeitsarbeit					

Wegstrecke: Eine neue Gemeinschaft

Anlässe / Themen
- Kirche
- Gemeinschaft

bis zu 10 Personen

2 Stunden

- Plakat DIN A3

- Arbeitsblatt „Eine neue Gemeinschaft“

Charakter der Einheit
Gespräch – Reflexion

Chancen
- Die Jugendlichen lernen einen alternativen Gemeinschafts- und Lebensstil kennen.
- Die Jugendlichen überlegen, welche Regeln für die Gemeinschaft in ihrer Gruppe sinnvoll sind.

Biblisch-theologischer Kontext
Aufforderung zu einem Leben aus dem Geist (Röm 12,9-18).

Mögliche Schwierigkeiten / weitere Hinweise
Die erste Wegstrecke des Kapitels „Identität“ lässt die Jugendlichen ebenfalls Gruppenregeln formulieren. Wenn die Gruppe diese Wegstrecke gegangen ist, kann der Katechet am Schluss dieser Einheit an die Wegstrecke erinnern und die damals genannten Gruppenregeln zum Vergleich vortragen.

Verlauf der Einheit

Wichtige Regeln

Der Katechet weist darauf hin, dass verbindliche Regeln wichtig für das Zusammenleben sind. Er bittet die Jugendlichen, Vereinbarungen zu nennen, die das Zusammenleben in der Familie, Schule oder im Staat regeln. Anschließend legt er das leere Plakat in die Mitte. Er bittet die Jugendlichen, sich zu überlegen, welche Regeln für das Zusammenleben generell wichtig sind. Diese sollen sie auf dem Plakat festhalten.

Die Vision des Paulus

Anschließend liest der Katechet eine Passage aus dem Römerbrief (Röm 12,9-18) vor. In dieser Textpassage beschreibt der Apostel Paulus, wie das Leben in der christlichen Gemeinde aussehen soll. Er teilt den Jugendlichen das Arbeitsblatt „Eine neue Gemeinschaft" aus, auf dem sie den Text aus dem Römerbrief finden. Die Jugendlichen sollen sich einen ruhigen Ort (im Haus, draußen, in der Kirche…) suchen, den Text nun nochmals lesen und versuchen, aus den paulinischen Anweisungen in der Briefpassage mit eigenen Worten Regeln für das Verhalten in der Firmgruppe zu formulieren.

Präsentation und Blitzlicht

Die Jugendlichen kommen wieder zusammen und stellen sich gegenseitig vor, welche Regeln sie aus den paulinischen Zeilen für die Gruppe formuliert haben. Wie sähe das Leben in solch einer christlichen Gemeinschaft aus? Den Abschluss der Einheit bildet ein Blitzlicht: Die Jugendlichen sollen sich kurz äußern, wie sie sich in einer Gruppe fühlen würden, in der die paulinischen Anweisungen befolgt werden.

Wegstrecke: Eine neue Gemeinschaft

Eine neue Gemeinschaft

Eure Liebe sei ohne Heuchelei. Verabscheut das Böse, haltet fest am Guten! Seid einander in geschwisterlicher Liebe zugetan, übertrefft euch in gegenseitiger Achtung! Lasst nicht nach in eurem Eifer, lasst euch vom Geist entflammen und dient dem Herrn! Seid fröhlich in der Hoffnung, geduldig in der Bedrängnis, beharrlich im Gebet! Helft den Heiligen, wenn sie in Not sind; gewährt jederzeit Gastfreundschaft! Segnet eure Verfolger; segnet sie, verfluchet sie nicht! Freut euch mit den Fröhlichen und weint mit den Weinenden! Seid untereinander eines Sinnes; strebt nicht hoch hinaus, sondern bleibt demütig! Haltet euch nicht selbst für weise! Vergeltet niemand Böses mit Bösem! Seid allen Menschen gegenüber auf Gutes bedacht! Soweit es euch möglich ist, haltet mit den Menschen Frieden!
Röm 12,9-18

Unsere Gruppenregel

1. ______________________________
2. ______________________________
3. ______________________________
4. ______________________________
5. ______________________________
6. ______________________________
7. ______________________________
8. ______________________________
9. ______________________________
10. ______________________________

____

____

____

Wegstrecke: Gemeinderallye

Anlässe / Themen
- Kirche
- Gemeinde

bis zu 20 Personen

2 Stunden

- Stifte
- evtl. Getränke und Kuchen

- Fragebogen

Charakter der Einheit
Spiel

Chancen
- Die Jugendlichen lernen die Geschichte und verschiedene Facetten ihrer Gemeinde kennen.
- Die Jugendlichen lernen Menschen kennen, die sich in ihrer Gemeinde engagieren.

Biblisch-theologischer Kontext
Die Gemeinde als Ort verschiedener Charismen und unterschiedlicher Personen.

Mögliche Schwierigkeiten / weitere Hinweise
Bei der Rallye werden die Jugendlichen in Kleingruppen durch das Pfarrgebiet geschickt. Geklärt werden muss vom Katecheten, ob solch eine Aktion von der Unfallversicherung der Gemeinde abgedeckt ist.
Die Fragen auf Seite 147 dienen als Anregung. Sie müssen evtl. an die konkrete Gemeindesituation angepasst werden.
Einige Fragen im Quiz sind auf die Person des Pfarrers bezogen. Es kann sinnvoll sein, diese Fragen auf einen anderen Seelsorger zu beziehen, der in der Gemeinde für die Jugendarbeit zuständig ist.

Verlauf der Einheit

Start der Rallye

Der Katechet bittet die Jugendlichen, sich in Viererteams (natürlich ist auch eine andere Gruppengröße möglich) zusammenzuschließen. Er teilt den Jugendlichen mit, dass sie heute die Gemeinde erforschen sollen. Ihre Aufgabe ist es, innerhalb eines festgelegten Zeitrahmens (anderthalb Stunden) die Fragen über ihre Kirchengemeinde auf dem Fragebogen zu beantworten (ein Fragebogen-Entwurf findet sich auf Seite 147. Doch müssen die Fragen auf die konkrete Situation in der Gemeinde hin ausgewählt bzw. modifiziert werden). Natürlich ist es erlaubt, Leute aus der Gemeinde anzusprechen und sie um Hilfe bei der Beantwortung zu bitten. Gewonnen hat die Gruppe, die am Ende die meisten richtigen Antworten vorweisen kann.

Auswertung

Während die Jugendlichen das Pfarrgebiet erkunden, kann der Katechet eine einfache Mahlzeit für die Rückkehrer vorbereiten (Getränke und Kuchen o.ä.). Gemeinsam werden die Antworten ausgewertet: Die Gruppen tragen ihre Ergebnisse vor und erhalten für jede richtige Lösung einen Punkt. Gewonnen hat die Gruppe, die die meisten Punkte erringen konnte.

Ein Pfarrbrief-Beitrag

Aus dem Fragebogen über die Kirchengemeinde lässt sich leicht ein Quiz für den Pfarrbrief gestalten. Die Jugendlichen wählen zehn Fragen aus, die sie als Rätselbeitrag im Pfarrbrief veröffentlichen möchten. Der Katechet bittet einen der Jugendlichen, diese Fragen sauber niederzuschreiben, jeweils drei Lösungen (zwei falsche und eine richtige Antwort) pro Frage anzugeben und das Quiz dann bei der Pfarrbrief-Redaktion (über das Pfarrbüro) einzureichen.

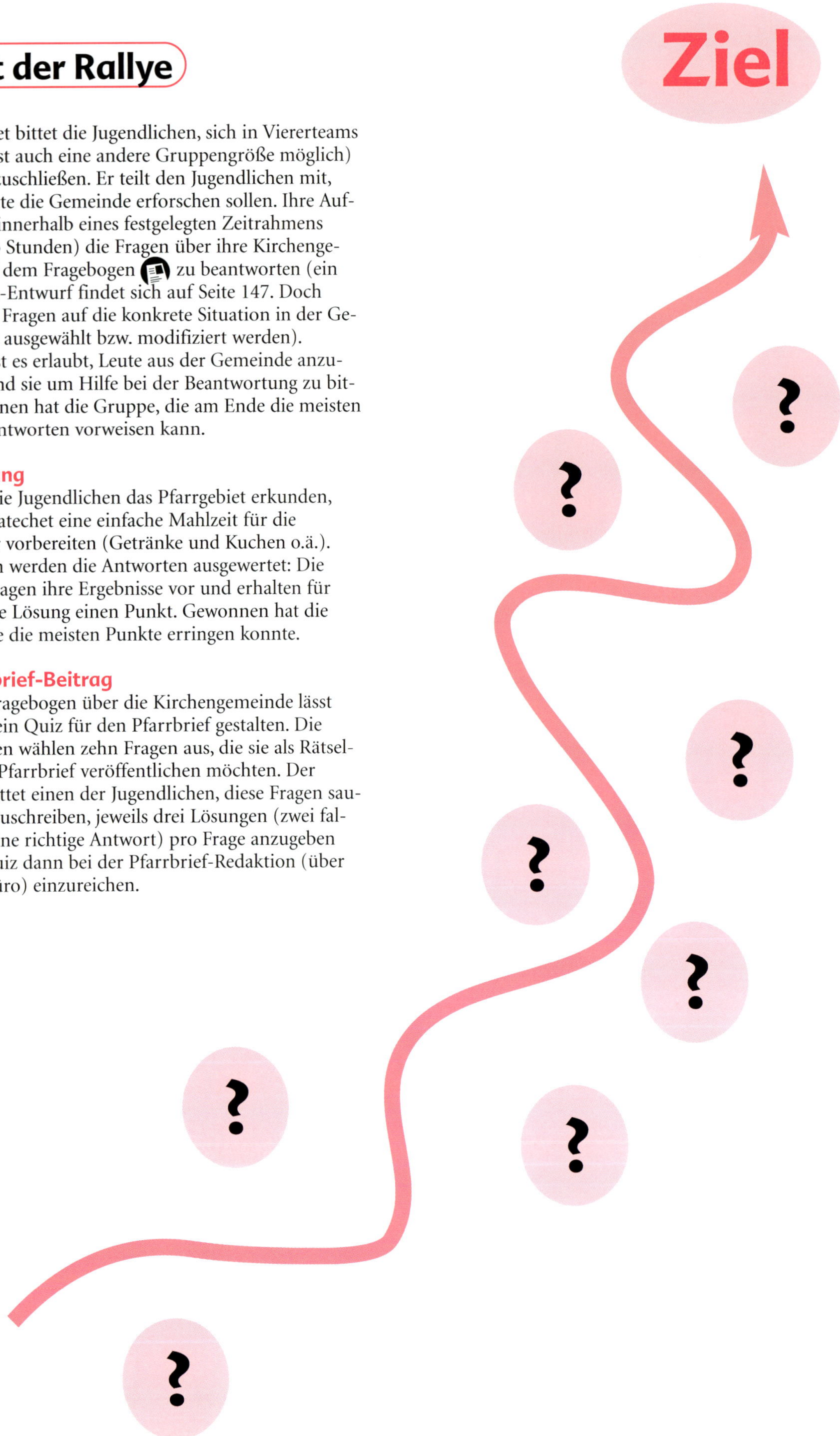

Wegstrecke: Gemeinderallye

Das Gemeinde-Quiz

- Wann wurde unsere Pfarrgemeinde gegründet? ______
- Zu welchem Bistum gehört die Gemeinde? ______
- Wie heißt der Bischof? ______
- Wie heißt die Pfarrkirche? ______
- Wann wurde sie erbaut? ______
- Wie lang ist die Kirche? ______
- Wie viele Glocken hängen im Kirchturm? ______
- Wann wird am Sonntag in der Kirche Gottesdienst gefeiert? ______
- Wie viele Katholiken gehören zur Gemeinde? ______
- Welche Aufgaben hat der Pfarrgemeinderat? ______
- Welche Personen gehören dem Pfarrgemeinderat an? ______
- Welche Aufgaben hat der Kirchenvorstand? ______
- Wer wurde in den Kirchenvorstand gewählt? ______
- Wie heißt der Pfarrer? ______
- Seit wann ist der Pfarrer in der Gemeinde tätig? ______
- Wo wohnt der Pfarrer? ______
- Welche Hobbys hat der Pfarrer? ______
- Wie heißt das Informationsblatt der Gemeinde? ______
- Wo steht ein Schaukasten mit Informationen über das Gemeindeleben? ______
- Wie viele Ministranten gibt es? ______
- Welche Jugendgruppen gibt es in der Gemeinde? ______
- Wie viele Jugendliche nehmen an der Firmvorbereitung teil? ______
- In wie vielen Gruppen treffen sie sich? ______
- Wann treffen sich die anderen Gruppen? ______
- Welche Angebote für Jugendliche gibt es in der Gemeinde? ______
- Wo stehen Wegkreuze im Pfarrgebiet? ______
- Wo befindet sich der katholische Kindergarten? ______
- Wer leitet ihn? ______
- Wie sind die Fenster des Kindergartens derzeit gestaltet? ______
- Welche Gruppen sind in der Gemeinde aktiv? ______

Wegstrecke: Kirchen-Consult GmbH

Anlässe / Themen
- Kirche
- Gemeinde

bis zu 10 Personen

2 Stunden

- Papier, Stifte
- 2 Plakate mit Aufschrift „trifft zu“ bzw. „trifft nicht zu“

- Arbeitsblatt „Kirchen-Consult GmbH“

Charakter der Einheit
Reflexion – Spiel

Chancen
- Die Jugendlichen formulieren Vorstellungen, wie eine jugendgemäße Gemeinde aussehen müsste.
- Die Jugendlichen überlegen, wie sie ihre Vorstellungen umsetzen können.

Biblisch-theologischer Kontext
Die Kirche hat längst das Selbstverständnis einer idealen Gemeinschaft (societas perfecta) zugunsten des Bildes einer wandlungsbereiten Gruppe (ecclesia semper reformanda) geändert.

Mögliche Schwierigkeiten / weitere Hinweise
Im letzten Schritt sollen die Jugendlichen überlegen, wie sie ihre Vorstellungen umsetzen können. Wichtig ist, dass der Katechet sie darin bestärkt, sich auf einen ganz konkreten Punkt ihres Anforderungsprofils (ein ganz konkretes und überschaubares Projekt) zu konzentrieren, um einer Selbstüberforderung und damit Frustration vorzubeugen.

Verlauf der Einheit

Das Anforderungsprofil einer Gemeinde

Der Katechet bittet die Jugendlichen, ein Anforderungsprofil für eine Kirchengemeinde zu entwerfen. Dazu sollen sich die Jugendlichen in Zweierteams zusammenfinden und überlegen, was sie von einer Kirchengemeinde erwarten. Der Katechet sollte darauf hinweisen, dass dieses Anforderungsprofil durchaus subjektiv aus der Sicht der Jugendlichen gezeichnet werden darf. Wenn alle Zweierteams ihre Punkte notiert haben, kommt die gesamte Gruppe wieder zusammen. Nun präsentieren die Jugendlichen die Ergebnisse aus den Teams.

Was bei uns zutrifft

Im zweiten Schritt sollen die Jugendlichen sich gleichmäßig im Raum verteilen. Der Katechet hängt an zwei gegenüberliegenden Wänden jeweils das Plakat „trifft zu" bzw. „trifft nicht zu" auf. Anschließend verliest er nochmals in Stichworten, was die Jugendlichen als Anforderungsprofil einer christlichen Gemeinde angegeben haben. Die Jugendlichen sollen möglichst im Spannungsfeld zwischen den zwei Plakaten den Platz einnehmen, der für sie bei dem vom Katecheten genannten Stichwort zutrifft.

Kirchen - Consult GmbH

Vermutlich werden die Jugendlichen häufig mit ihrer Positionierung ausdrücken, dass die eigene Gemeinde noch vom zuvor formulierten Anforderungsprofil entfernt ist. Der Katechet fordert die Zweierteams deshalb auf, als Beratungsunternehmen „Kirchen-Consult GmbH" für die Gemeinde aktiv zu werden. Das Team soll für die Gemeinde ein Ziel formulieren und eine Strategie vorschlagen, wie die Gemeinde sich auf das zuvor von den Jugendlichen genannte Anforderungsprofil zubewegen kann. Bei dieser Strategie ist wichtig, dass sie in ein zeitliches Raster gefasst wird: Was soll im nächsten Vierteljahr / Halbjahr / Jahr von wem in Angriff genommen werden?

Was kann ich dazu beitragen?

Wenn die Teams das Strategiepapier entwickelt haben, stellen sie es sich gegenseitig vor und diskutieren, welches Team die erfolgversprechendste Strategie vorgeschlagen hat. Zum Abschluss der Einheit überlegt die gesamte Gruppe, was sie unternehmen kann, um zumindest Teile ihrer Ziele umzusetzen und um evtl. der Gemeinde die entwickelte Strategie vorzustellen (Gespräch mit Pfarrer, Pastoralreferenten, Pfarrgemeinderatsmitglied o.ä.).

Wegstrecke: Kirchen-Consult GmbH

Kirchen-Consult GmbH

Ziel unserer Gemeindeentwicklung:

Strategie:

Was ist zu tun	**Von wem**
Im nächsten Vierteljahr:	
Im nächsten Halbjahr:	
Im nächsten Jahr:	

Wegstrecke: Das Modell einer Kirche

Anlässe / Themen
- Kirchenbilder
- Wie hat Jesus Gemeinde gewollt?
- Kirchenträume

mindestens 8 Personen

2-3 Stunden

Variiert je nach Gruppengröße und Vorgabe durch den Katecheten

- Papier, Scheren, Klebstoff, Stifte
- Darüber hinaus alles, womit man basteln kann (z.B. Pappe, Klopapierrollen, Korken, Strohhalme ...)

- Kopien der Ausschreibung

Charakter der Einheit
Kreativität – Aktion – Spiel

Chancen
- Die Jugendlichen tauschen sich über ihre Kirchenbilder aus.
- Beim Planen eines Gebäudes merken die Jugendlichen, wie schwer es ist, verschiedene Interessen zu berücksichtigen.

Biblisch-theologischer Kontext
Die Kirche steht ständig neu vor der Aufgabe, sich in der jeweiligen Zeit zu beheimaten. Das setzt eine gute Balance zwischen Tradition und Veränderung voraus. Inkulturation und Aggiornamento sind die Stichworte, die seit dem letzten Konzil für diesen Prozess der Anpassung an eine neue Zeit bzw. an eine neue Kultur benutzt werden.

Mögliche Schwierigkeiten / weitere Hinweise
Es wäre gut, wenn die Gruppen in verschiedenen Räumen arbeiten können, um sich nicht gegenseitig zu beeinflussen.
Diese Einheit lässt sich sehr gut in ein Wochenende mit den Jugendlichen integrieren. Die mitfahrenden Katecheten bilden eine Expertenkommission, die die einzelnen Entwürfe der Jugendlichen begutachtet.
Die Baupläne bzw. die Modelle können der Gemeinde präsentiert werden. Vielleicht lassen sich die Entwürfe in der Kirche oder aber in einem Raum des Pfarrheims ausstellen.

Wegstrecke: Mein Standort in der Kirche

Anlässe / Themen

- Einstieg in das Thema Kirche

mindestens 8 Personen

2 Stunden

- Große Plakate und Stifte
- meditative Musik

Charakter der Einheit

Stille – Meditation – Gespräch

Chancen

- Jugendliche für den Kirchenraum und seine Wirkung sensibilisieren.
- Deutlich machen, dass auch andere Gestaltungsmöglichkeiten denkbar (wenn nicht sogar wünschenswert) wären.

Biblisch-theologischer Kontext

Der Gestaltung von Kirchenräumen liegen bestimmte Kirchenbilder zugrunde. Wenn eine Gruppe im Kreis sitzt, entsteht ein anderes Gemeinschaftsgefühl, als wenn sie in Bankreihen sitzt.

Vieles in unseren Kirchen entspricht noch lange nicht dem Kirchenbild, das das Zweite Vatikanische Konzil wieder in Erinnerung gerufen hat. Zu vieles in unseren Kirchen macht (meist unbewusst) klar: Es gibt zwei Klassen in der Kirche: Die da oben, vorne und die da unten, hinten.

Mögliche Schwierigkeiten / weitere Hinweise

Der Katechet sollte vor dieser Stunde selbst die Orte auf sich wirken lassen, die in dieser Einheit eine Rolle spielen.

Verlauf der Einheit

Einstimmung

Die Gruppe trifft sich in der Kirche. Der Katechet stimmt die Gruppe mit folgendem Text auf die folgende Einheit ein.

Feste Bankreihen, nach vorne ausgerichtet, hintereinander aufgestellt – so sind wohl noch immer die meisten Kirchenräume eingerichtet. Allein durch die Art und Weise, wie unsere Kirchen gestaltet sind, prägen sie unser Erleben von Kirche.
In den folgenden Minuten lade ich euch ein, diesen Gottesdienstraum auf euch wirken zu lassen. Dazu werden wir verschiedene markante Orte der Kirche aufsuchen und ganz bewusst wahrnehmen. Ich bitte euch, in den nächsten Minuten nicht miteinander zu sprechen. Am Schluss der Einheit werden wir Gelegenheit zum Austausch haben.

Meditativer Einstieg an verschiedenen Orten

Der Katechet lässt nun als Hintergrundmusik meditative Musik laufen. Es ist sinnvoll, dazu die Lautsprecheranlage der Kirche zu nutzen. Je nach Akustik der Kirche kann aber auch darauf verzichtet werden. Wird die Gruppe von zwei Katecheten begleitet, dann können sich die Katecheten den folgenden Text aufteilen. Ansonsten wird er von einem Katecheten alleine gesprochen:

Erste Station: In der Kirchenbank

Erster Sprecher: Bitte suche dir zunächst noch einmal ganz bewusst einen Platz in der Kirche aus. Und zwar den Platz, an den du dich normalerweise setzen würdest, wenn du hier in diese Kirche zum Gottesdienst kommen würdest.
(Pause)
Zweiter Sprecher: Wo hast du dich hingesetzt?
Erster Sprecher: Weit vorne – ganz hinten – ins Seitenschiff – ins Abseits – mittendrin?
Zweiter Sprecher: Was sagt die Wahl des Platzes über dich aus?
Erster Sprecher: Interesse – Angst – Erwartung – erstmal gucken, was kommt – ich möchte alles im Blick haben – möchte mich selbst nicht gerne ins Spiel bringen – mich berieseln lassen – konsumieren.
Zweiter Sprecher: Schau dich einmal um, wohin sich die anderen gesetzt haben. Was sagt diese Sitzordnung über uns aus?
Erster Sprecher: Sind wir eine Gemeinschaft – Einzelkämpfer – haben wir etwas, was uns verbindet – wer gibt bei uns den Ton an – sind wir alle gleichwertig?
Zweiter Sprecher: Versuche einmal, unsere Mitte zu finden.
Erster Sprecher: Gibt es sie? Und wenn ja, wo liegt sie? Was heißt das eigentlich, wenn wir eine Mitte haben oder finden? Was heißt es eigentlich, wenn wir keine Mitte haben oder finden?
Kurze Stille.
Erster Sprecher: Bitte kommt nun aus euren Bänken und geht nach vorne in den Altarraum und schaut in den Kirchenraum hinein.

Zweite Station: Am Altar

Kurze Stille
Erster Sprecher: Vielleicht stehst du zum ersten Mal so in einer Kirche. Vielleicht ist dir dieser Platz aber auch vertraut. Versuche einmal, ganz bewusst wahrzunehmen, was dieser Standort in dir auslöst.
Zweiter Sprecher: Vielleicht Angst: Ich vor all den Leuten, was soll ich ihnen sagen?
Erster Sprecher: Vielleicht aber auch Machtgefühl? Ich sage denen da jetzt mal, wo es lang geht! Ich bestimme, was wichtig ist.
Zweiter Sprecher: Vielleicht Unbehagen: Hier gehöre ich nicht hin, dieser Platz steht mir nicht zu.
Erster Sprecher: Aber wie müsste einer sein, dem dieser Platz zusteht?
Zweiter Sprecher: Vielleicht empfindest du auch Spaß, Freude. Vielleicht hast du schon lange geträumt, einmal an der Stelle zu stehen, die für dich sonst als „Tabuzone" gilt.
Erster Sprecher: Spüre noch einen kleinen Augenblick nach, was du empfindest. Probiere auch einmal eine andere Stelle hier vorne im Altarraum aus. Was ändert sich, wenn sich dein Standort ändert?
Stille.
Zweiter Sprecher: Unsere nächste Station ist das Taufbecken.

Dritte Station: Am Taufbecken

(Dieser Ort wurde deshalb gewählt, weil er fast automatisch dazu führt, dass sich die Teilnehmer in einem Kreis um das Taufbecken versammeln – und genau darum geht es in dieser Station: Erlebbar machen, dass allein durch die Gestaltung eines Raumes ein anderes Gemeinschaftsgefühl entstehen kann. Je nach Kirche eignet sich vielleicht ein anderer Ort der Kirche besser hierzu: eine Krypta, eine Seitenkappelle ...)

Erster Sprecher: Nimm auch diesen Ort, an dem du jetzt stehst, bewusst wahr. Ist hier etwas anders? Was ist es?
Zweiter Sprecher: Wie erlebst du den Raum? Wirkt er einengend, schützend, bedrückend oder heimelig?
Erster Sprecher: Wo stehe ich jetzt? Am Rand? In der Mitte? Hinten? Vorne?
Zweiter Sprecher: Versuche einmal, hier unsere Mitte zu bestimmen. Ist dies leichter oder schwerer als in der Kirchenbank? Was bedeutet das für uns als Gemeinschaft?
Erster Sprecher: Welches Kirchenbild vermittelt dieser Ort?

(Je nach Kirche können weitere Stationen eingefügt werden. Vielleicht eine Kerzenkapelle, eine Krypta usw.)

Schreibgespräch

Der Katechet legt nun an die drei Orte, die besucht wurden, jeweils ein Plakat mit einigen dicken Faserschreibern. Die Jugendlichen können nun von Plakat zu Plakat gehen und die Eindrücke, die sie an den entsprechenden Orten hatten, aufschreiben. Sie dürfen auch Anmerkungen der anderen Jugendlichen (ebenfalls schriftlich und still) kommentieren. Wenn der Katechet merkt, dass der Schreibfluss der Gruppe sinkt, sammelt er alle Plakate ein. Er legt sie nebeneinander auf den Boden und fordert die Jugendlichen auf, noch einmal alle Plakate anzuschauen.

Abschlussplenum

Der Katechet lädt zu einem Gespräch über diese Einheit ein. Die Jugendlichen treten in einen Austausch darüber, was ihnen bei den Plakaten oder aber auch beim bewussten Wahrnehmen des Raumes aufgefallen ist.
In einer abschließenden Runde kann jeder Jugendliche sagen, welche Erfahrung er mit nach Hause nimmt.

Wegstrecke: Das Gesicht Christi

Anlässe / Themen

- Auch wir sind Kirche
- Welche Kirchenbilder finden sich in der Bibel
- Einheit in der Vielfalt

8-10 Personen

1-2 Stunden

- Bild: Gesicht Christi – Gesicht der Menschen

- Kopien von 1 Kor 12,12-31a

Charakter der Einheit
Bildbetrachtung – Gespräch

Chancen

- Die Jugendlichen entdecken ihre Bedeutung für das Gemeindeleben.
- Sie erfahren sich als einen Teil der Kirche.
- Die Jugendlichen werden zum Mitmachen in der Gemeinde motiviert.

Biblisch-theologischer Kontext
Das Kirchenbild vom Leib Christi ist mit dem Zweiten Vatikanum wieder deutlicher in den Blick der Kirche geraten.

Kirche als Leib Christi impliziert: Jeder Christ ist Teil der Kirche.

Mögliche Schwierigkeiten / weitere Hinweise
Das Bild „Das Gesicht Christi – das Gesicht der Menschen" kann immer wieder neu faszinieren und bietet einen visuellen Zugang zum Text von 1Kor 12,1ff.

Verlauf der Einheit

Bildbetrachtung

Die Gruppe betrachtet das Bild „Das Gesicht Christi - das Gesicht der Menschen". Die Jugendlichen teilen sich mit, was sie auf dem Bild erkennen können. Je nach Gruppe wird es einen Moment dauern, bis die Jugendlichen auch das Gesicht Christi erkennen. Die Gesichter des Bildes stammen von den unterschiedlichsten Menschen (alt, jung, reich, arm, weiß, schwarz ...). Darauf soll der Katechet den Blick lenken und mit der Gruppe klären, wie das Gesicht Christi in diesem Bild erkennbar wird (Die einzelnen Köpfe des Bildes stehen so in Beziehung zueinander, dass sie die Konturen für das Christusbild ergeben. Jeder der Köpfe muss seinen eigenen Platz einnehmen, damit die Gesamtwirkung zustande kommt). Die Jugendlichen versuchen zu formulieren, was die Aussage dieses Bildes sein könnte. Dabei kann es hilfreich sein, dass die Gruppe versucht, dem Bild einen Titel zu geben.

Bibelarbeit

Die Bibelstelle 1 Kor 12,1ff wird einmal laut vorgelesen. Dann liest jeder die Stelle noch einmal für sich. Dabei markiert jeder Jugendliche Worte bzw. Satzfetzen, die ihn besonders ansprechen. Anschließend werden diese Begriffe (ähnlich, wie beim Bibel-Teilen) unkommentiert in die Stille hineingesprochen. Erst in der daran anschließenden Runde sollen die Jugendlichen unter folgenden Fragestellungen ins Gespräch kommen:

- Welcher Gedanke des Textes spricht besonders an?
- Was ist für euch schwer nachzuvollziehen?
- Seht ihr Parallelen zu dem eingangs betrachteten Bild? Welche?
- Was bedeutet es, ein Teil vom Leib Christi zu sein?

Zum Abschluss der Einheit wird der Bibeltext noch einmal gelesen

Wegstrecke: Das Gesicht Christi

Der eine Leib und die vielen Glieder

Denn wie der Leib eine Einheit ist, doch viele Glieder hat, alle Glieder des Leibes aber, obgleich es viele sind, einen einzigen Leib bilden: so ist es auch mit Christus. Durch den einen Geist wurden wir in der Taufe alle in einen einzigen Leib aufgenommen, Juden und Griechen, Sklaven und Freie; und alle wurden wir mit dem einen Geist getränkt. Auch der Leib besteht nicht nur aus einem Glied, sondern aus vielen Gliedern. Wenn der Fuß sagt: Ich bin keine Hand, ich gehöre nicht zum Leib!, so gehört er doch zum Leib. Und wenn das Ohr sagt: Ich bin kein Auge, ich gehöre nicht zum Leib!, so gehört es doch zum Leib. Wenn der ganze Leib nur Auge wäre, wo bliebe dann das Gehör? Wenn er nur Gehör wäre, wo bliebe dann der Geruchssinn? Nun aber hat Gott jedes einzelne Glied so in den Leib eingefügt, wie es seiner Absicht entsprach. Wären alle zusammen nur ein Glied, wo bliebe dann der Leib? So aber gibt es viele Glieder und doch nur einen Leib. Das Auge kann nicht zur Hand sagen: Ich bin nicht auf dich angewiesen. Der Kopf kann nicht zu den Füßen sagen: Ich brauche euch nicht. Im Gegenteil, gerade die schwächer scheinenden Glieder des Leibes sind unentbehrlich. Denen, die wir für weniger edel ansehen, erweisen wir um so mehr Ehre, und unseren weniger anständigen Gliedern begegnen wir mit mehr Anstand, während die anständigen das nicht nötig haben. Gott aber hat den Leib so zusammengefügt, dass er dem geringsten Glied mehr Ehre zukommen ließ, damit im Leib kein Zwiespalt entstehe, sondern alle Glieder einträchtig füreinander sorgen. Wenn darum ein Glied leidet, leiden alle Glieder mit; wenn ein Glied geehrt wird, freuen sich alle anderen mit ihm. Ihr aber seid der Leib Christi, und jeder einzelne ist ein Glied an ihm.

1Kor 12,12-31a

Face of Jesus
© Chrétiens-Médias, Paris

Wegentscheidung

Wegstrecke: Das will ich sehen!

Anlässe / Themen
- Zukunft
- Lebensträume
- Reich Gottes
- Musik und Religion

8-10 Personen

1-2 Stunden

- vergrößerte Kopie (DIN A3) des Bildes von Walter Habdank
- Stifte und Papier (DIN A3) für jeden Teilnehmer
- CD-Player
- „Das will ich sehen" von Sabrina Setlur (auf der CD „Menschen-Leben-Träume")

- kopierter Text „Das will ich sehen"
- Biblische Quellen des Songs „Das will ich sehen" von Sabrina Setlur

Charakter der Einheit
Kreativität – Diskussion – Stille – Meditation

Chancen
- Die Jugendlichen werden sich ihrer eigenen Sehnsüchte bewusst.
- Die Jugendlichen lernen die biblische Botschaft der Erwartung des messianischen Reichs kennen.
- Die Jugendlichen entdecken, dass biblische Themen auch unsere heutige Alltagskultur prägen.

Biblisch-theologischer Kontext
Texte aus dem Alten Testament, die im Lied „Das will ich sehen" aufgegriffen werden (Ps 15,1; Ps 47,9; Jes 11,6; Jer 11,7; Ps 3,5; Ps 24,3; Jes 2,4; Jes 25,8; Jes 51,11; Jes 29,18; Jes 35,5; Jes 35,6; Jes 11,9; Jes 49,10; Mt 5,5; Ps 92,13; Ps 40,3b; Jes 42,2; Off 20,13).

Mögliche Schwierigkeiten / weitere Hinweise
Im Song „Das will ich sehen" von Sabrina Setlur fallen die zahlreichen Metaphern und Bildworte auf, die fast alle den Psalmen bzw. dem Buch des Propheten Jesaja entnommen sind.

Verlauf der Einheit

Bildbetrachtung

Das Bild von Walter Habdank wird auf das Format DIN A3 vergrößert und an eine Wand gehängt.
Die Gruppe sitzt im Halbkreis vor dem Motiv. Die Jugendlichen beschreiben das Bild. Dazu teilen sie sich zunächst mit, was sie auf dem Bild wahrnehmen:
Vier Männer und eine Frau sowie ein Hund blicken über eine Stadt. Sie sind ganz nah zusammengerückt und blicken fasziniert in die Ferne. Einer hat ein Fernrohr dabei. Die Menschen gehen zärtlich miteinander um ...

Körperübung

Nun sollen die Jugendlichen in ihrer Vorstellung in die Rolle eines der Menschen auf dem Gerüst schlüpfen und schauen, was von diesem Turm aus zu sehen ist. Dabei kann der folgende Text, der langsam und meditativ vom Katecheten gelesen werden sollte, hilfreich sein. Bei dieser Übung kann ruhige Musik im Hintergrund laufen:

Ich lade dich nun zu einer kleinen Körperübung ein.
Setze dich dazu bitte auf die vordere Kante deines Stuhles.
Setze dich ganz gerade hin.
Setze dich ganz bewusst hin.
Schließe bitte deine Augen.
Lass den Kopf dabei leicht nach unten hängen.

Spüre, wo du Kontakt hast.
Mit den Füßen.
Mit dem Gesäß.
Spüre, wie du getragen wirst.

Spüre deinen Atem.
Er fließt ganz von allein.
Was du zum Leben brauchst,
wird dir geschenkt.

Gehe nun mit deinen Gedanken noch einmal zu dem Bild, das wir uns gerade angeschaut haben.

Stell dir vor,
du bist gerade mit den anderen auf diesen Turm geklettert.
Es war anstrengend.
Besonders die letzten Meter.
Doch jetzt sitzt du oben
auf dem Turm,
hoch über der Stadt.
Du kannst in die Ferne blicken,
du hast freie Sicht,
und du bist begeistert
von dem, was du siehst.

Genieße diesen Ausblick
und nimm jede Einzelheit wahr.
Schau genau hin,
präge dir das Bild gut ein.
Dazu hast du jetzt zwei Minuten Zeit.

(Zwei Minuten Stille)

Dann ist es Zeit für dich, wieder hinabzusteigen.
Wieder zurückzukommen in den Alltag.

Du atmest einmal tief durch,
streckst dich dabei und öffnest die Augen.
Nun bist du wieder hier,
in unserer Gruppe.

Malen

Die Jugendlichen malen nun auf, was sie von dem Turm aus sehen konnten. Dazu erhält jeder ein Blatt im Format DIN A3. Wachsmalstifte, Pastellkreide, Bunt- oder Filzstifte liegen in ausreichender Anzahl bereit. Zum Malen sollte eine ruhige, meditative Musik laufen und nach Möglichkeit nicht gesprochen werden. Vielleicht muss der Katechet einigen Jugendlichen die Hemmungen vor dem Malen nehmen, indem er sie darauf hinweist, dass es nicht darauf ankommt, ein künstlerisch hochwertiges Bild zu schaffen. Für das Malen sollten ca. 20 Minuten angesetzt werden.

Austausch

Die Gruppe versammelt sich wieder im Halbkreis um das Bild von Habdank. Jeder Jugendliche darf nun sein Bild vorstellen. Dazu hängt er sein Bild mit Krepp-Band an die Wand zur rechten Seite des Habdank-Bildes, so dass die abgebildeten Menschen in diese Richtung schauen. Nachdem alle ihre Bilder vorgestellt haben versucht die Gruppe, Gemeinsamkeiten bzw. Unterschiede auf den von ihnen gemalten Bildern herauszufinden.

Lied: Das will ich sehn

Träume von einer besseren Welt haben die Menschen zu allen Zeiten gehabt. Auch in der modernen Pop- und Rockmusik taucht dieses Motiv immer wieder auf. Ein Beispiel dafür ist das Lied „Das will ich sehen“ von Sabrina Setlur, das nun gespielt wird. Dazu teilt der Katechet das Arbeitsblatt mit dem Text des Liedes aus. Zunächst wartet der Katechet spontane Reaktionen der Gruppe ab. Dann teilt er das zweite Arbeitsblatt mit den Quellenangaben aus. Daraufhin lädt er die Gruppe ein, den Originaltext mit den biblischen Zitaten zu vergleichen. Sicherlich wird es für viele Jugendliche überraschend sein, dass das Lied fast nur aus Bibelzitaten besteht. In dem so entstehenden Austausch kann der Katechet das Gespräch auf folgende Aspekte lenken:

- Wo entdeckst du im Text Parallelen zu den Bildern, die wir gemalt haben?
- Wo findest du Unterschiede?
- Welches Bild findest du am ansprechendsten?
- Findest du es gut, biblische Aussagen musikalisch so zu verarbeiten?

Zum Abschluss der Einheit hört sich die Gruppe noch einmal das Lied an.

Wegstrecke: Das will ich sehen!

Das will ich sehen

Ich will sehen wie sein Zelt bei den Menschen ist und er bei ihnen weilt
Das will ich sehen
Ich will sehen wie seine Völker sind und er selbst bei Ihnen ist
Das will ich sehen

Ich will sehen wie Wolf und Lamm einträchtig weiden und der Löwe
Stroh frisst wie der Stier
Ich will sehen wie kein Schaden gestiftet wird noch irgendwie
Verderben auf seinem ganzen Heiligen Berg Das will ich sehen

Ich will sehen wie er Kriege aufhören lässt bis an das äußerste Ende der Erde
Das will ich sehen
Ich will sehen wie sie ihre Schwerter zu Pflugscharen schmieden
Das will ich sehen Das will ich sehen

Ich will sehen wie er jede Träne von ihren Augen abwischt
und der Tod nicht mehr ist
Ich will sehen dass weder Trauer noch Schmerz noch Geschrei mehr
sind weil sie mit den früheren Dingen vergangen sind
Das will ich sehen Das will sehen

Ich will sehen wie die Augen der Blinden geöffnet werden und die
Ohren der Tauben aufgetan werden
Ich will sehen wie der Lahme klettert wie ein Hirsch und der Stumme jubelt
Das will ich sehen Das will ich sehen

Ich will sehen wie die ganze Erde mit seiner Erkenntnis erfüllt ist
wie die Wasser das ganze Meer bedecken
Ich will sehen wie sie nicht mehr Hungern und auch nicht mehr
Dürsten
Das will ich sehen Das will ich sehen

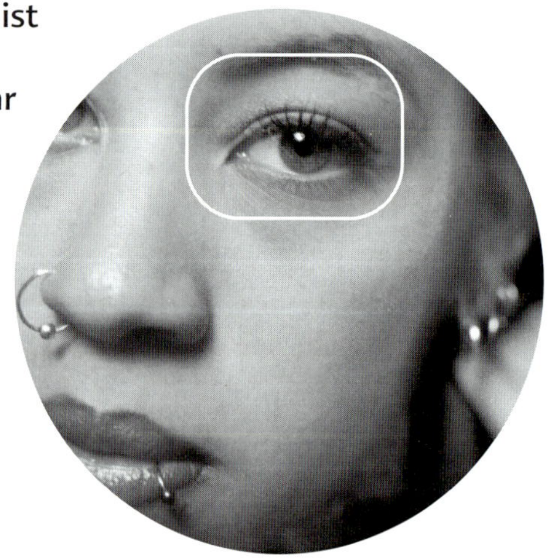

Ich will sehen wie die Stunde kommt in der alle die in den
Gedächtnis-Gruften sind seine Stimme hören und heraus-
kommen
Ich will sehen wie die Gerechten selbst die Erde besitzen
werden
und sie immerdar darauf wohnen werden Das will ich sehen

Ich will sehen wie das Meer diejenigen Toten herausgibt
die darin sind und der Tod und der Hades diejenigen Toten
herausgeben die darin sind Das will ich sehen Das will ich sehen

Pelham, Haas/Setlur

Wegstrecke: Das will ich sehen!

Biblische Quellen des Songs „Das will ich sehen“

Herr, wer darf Gast sein in deinem Zelt, wer darf weilen auf deinem heiligen Berg?	Ps 15,1
Gott wurde König über alle Völker, Gott sitzt auf seinem heiligen Thron.	Ps 47,9
Dann wohnt der Wolf beim Lamm, der Panther liegt beim Böcklein. Kalb und Löwe weiden zusammen, ein kleiner Knabe kann sie hüten.	Jes 11,6
Kuh und Bärin freunden sich an, ihre Jungen liegen beieinander. Der Löwe frisst Stroh wie das Rind.	Je 11,7
Ich habe laut zum Herrn gerufen; da erhörte er mich von seinem heiligen Berg.	Ps 3,5
Wer darf hinaufziehen zum Berg des Herrn, wer darf stehen an seiner heiligen Stätte?	Ps 24,3
Er spricht Recht im Streit der Völker, er weist viele Nationen zurecht. Dann schmieden sie Pflugscharen aus ihren Schwertern und Winzermesser aus ihren Lanzen. Man zieht nicht mehr das Schwert, Volk gegen Volk, und übt nicht mehr für den Krieg.	Jes 2,4
Er besiegt den Tod für immer, Gott, der Herr, wischt die Tränen ab von jedem Gesicht. Auf der ganzen Erde nimmt er von seinem Volk die Schande hinweg. Ja, der Herr hat gesprochen.	Jes 25,8
Die vom Herrn befreiten kehren zurück. Und kommen voll Jubel nach Zion. Ewige Freude ruht auf ihren Häuptern. Wonne und Freude stellen sich ein, Kummer und Seufzer entfliehen.	Jes 51,11
An jenem Tag hören alle, die taub sind, sogar Worte, die nur geschrieben sind, und die Augen der Blinden sehen selbst im Dunkeln und Finstern.	Jes 29,18
Dann werden die Augen der Blinden geöffnet, auch die Ohren der Tauben sind wieder offen.	Jes 35,5
Dann springt der Lahme wie ein Hirsch, die Zunge des Stummen jauchzt auf. In der Wüste brechen Quellen hervor, und die Bäche fließen in der Steppe.	Jes 35,6
Man tut nichts Böses mehr und begeht kein Verbrechen auf meinem ganzen heiligen Berg; denn das Land ist erfüllt von der Erkenntnis des Herrn, so wie das Meer mit Wasser gefüllt ist.	Jes 11,9
Sie leiden weder Hunger noch Durst, Hitze und Sonnenglut schaden ihnen nicht. Denn er leitet sie voll Erbarmen und führt sie zu sprudelnden Quellen.	Jes 49,10
Selig, die keine Gewalt anwenden (die Sanftmütigen), denn sie werden das Land erben.	Mt 5,5
Der Gerechte gedeiht wie die Palme, er wächst wie die Zeder des Libanon.	Ps 92,13
Er zog mich herauf aus der Grube des Grauens, aus Schlamm und Morast. Er stellte meine Füße auf den Fels, machte fest meinen Schritt.	Ps 40,3b
Er schreit nicht und lärmt nicht. Und lässt seine Stimme nicht auf der Straße erschallen.	Jes 42,2
Und das Meer gab die Toten, die in ihm waren; und der Tod und die Unterwelt gaben ihre Toten heraus, die in ihnen waren.	Off 20,13

Wegstrecke: Das will ich sehn!

Walter Habdank, Ausblick

Wegstrecke: Brief an den Heiligen Geist

Anlässe / Themen
- Vorbereitung auf den Firmgottesdienst
- Was erwarte ich von der Firmung
- Was ändert sich für mich mit der Firmung

8-10 Personen

1 Stunde

- großes braunes Tuch
- Papier
- Stifte
- CD-Player
- CD mit ruhiger Musik

- Kopien der Fußabdrücke (ausgeschnitten)

Charakter der Einheit:
Reflexion – Meditation

Chancen:
- Die Jugendlichen reflektieren den bisherigen Weg des Firmkurses.
- Sie begründen für sich noch einmal ihre Entscheidung, sich firmen zu lassen.
- Sie halten schriftlich fest, wie die Firmung sich ihrer Meinung nach auf ihr Leben auswirken wird.
- Mit dem Verschicken der Briefe hat die Gemeinde die Chance, die Jugendlichen noch einmal anzusprechen.

Biblisch-theologischer Kontext
Apg 2,44-47

Mögliche Schwierigkeiten / weitere Hinweise
Diese Einheit muss am Ende der Vorbereitungszeit kurz vor dem Firmgottesdienst stehen.

Nach der Firmung (einige Monate später) schickt der Katechet den Jugendlichen einen Brief, den sie in dieser Einheit selbst formulieren. Gut wäre es, wenn die Jugendlichen mit ihrem eigenen Brief eine Einladung zu einem Nachtreffen, zu einer Fete oder zu einer anderen Gemeindeveranstaltung erhalten würden.

Wegentscheidung

Verlauf der Einheit

Rückblick auf den bisherigen Weg

Der Katechet hat ein braunes Tuch auf den Boden in der Mitte des Raumes gelegt. Die Jugendlichen sitzen im Kreis um das Tuch herum. Der Katechet lädt die Jugendlichen ein, in Gedanken den bisherigen Weg des Firmkurses Revue passieren zu lassen. Dazu teilt er Papier in der Form von Füßen aus. Hierauf schreiben die Jugendlichen die Dinge, die ihnen bei der Firmvorbereitung am wichtigsten waren. Sie haben dazu 5-10 Minuten Zeit. Als Hilfe kann der Katechet folgende Leitfragen formulieren:

- An welche Situation kannst du dich noch gut erinnern?
- Welcher Gedanke ist dir auf dem Weg der Firmvorbereitung wichtig geworden?
- Welche Erfahrung hat dich beeindruckt?

Sinnvoll ist es, ruhige Musik laufen zu lassen. Wenn alle Jugendlichen mit dem Schreiben fertig sind, werden die Zettel reihum vorgelesen und auf den Weg gelegt. Der Katechet versucht, die Aussagen der Jugendlichen zu bündeln. Die Erfahrungen, die die Jugendlichen gemacht haben (Gemeinschaft erlebt, neue Impulse im Glauben bekommen, spannende Gespräche geführt, die Gemeinde besser kennen gelernt ...) werden in der Firmung gefeiert.

Brief an den Heiligen Geist

Der Katechet lädt die Jugendlichen ein, einen Brief an den Heiligen Geist zu schreiben. In diesem Brief sollen sie mitteilen,

- was sie sich vom Heiligen Geist wünschen,
- welche Bedeutung für sie die Feier der Firmung hat,
- warum sie gefirmt werden möchten,
- was sich für sie als gefirmte Christen ändert.

Der Katechet erläutert, dass diese Briefe nicht vorgelesen werden. Die Jugendlichen stecken die Briefe in einen Briefkuvert, kleben ihn zu und adressieren ihn an die eigene Anschrift. Der Katechet wird diese Briefe nach ca. einem halben Jahr an die Jugendlichen schicken.

Geist der Befreiung

Zum Abschluss der Katechese versammelt sich die Gruppe noch einmal im Kreis. Die Briefumschläge werden vom Katecheten eingesammelt. Mit dem Text „Geist der Befreiung“ beendet der Katechet diese Einheit.

GEIST DER BEFREIUNG

Geist der Freiheit,
Hauch des Lebens,
lass dich auf mir nieder.
Ströme tief in mich hinein
und vertreibe meine Angst.
Mein Mund wird dein Mund,
meine Hände werden deine Hände,
und dein Mut wird meine Befreiung sein.

Wegstrecke: Brief an den Heiligen Geist

Wegstrecke: Die Zeichen der Firmung

Anlässe / Themen

- Die Zeichen der Firmliturgie

8-10 Personen

1-2 Stunden

- Stifte
- CD-Player (CD mit ruhiger Musik)
- Töpfchen mit Creme
- DIN A3 Blätter

- Kopien mit Ablauf des Firmgottesdienstes
- Plakat mit einer aufgemalten Hand
- Liedblatt

Charakter der Einheit:
Meditation – Liturgie

Chancen:

- Die Jugendlichen werden mit den Symbolhandlungen der Firmliturgie vertraut gemacht.
- Ihnen wird die Angst vor dem Firmgottesdienst genommen und Sicherheit beim liturgischen Ablauf vermittelt.

Biblisch-theologischer Kontext
Die Feier des Firmsakraments.

Mögliche Schwierigkeiten / weitere Hinweise
Diese Katechese bringt es mit sich, dass sich die Jugendlichen oft berühren. Das mag manchem Jugendlichen schwer fallen. Sollte sich ein Jugendlicher strikt weigern, bei einer Übung mitzumachen, sollte der Katechet dies zulassen. Sinnvoll ist es, nach der Einheit noch einmal in einem persönlichen Gespräch auf das Verhalten zu sprechen zu kommen.

Verlauf der Einheit

Die Feier der Firmung

Die Elemente der Firmliturgie (Eröffnung, Wortfeier ...) werden vom Katecheten auf großformatige Blätter (DIN A3) geschrieben und nebeneinander an die Wand gehängt. Nun erläutert der Katechet den Aufbau des Firmgottesdienstes. So erhalten die Jugendlichen einen groben Überblick über die Firmliturgie. Dabei stellt der Katechet besonders die Zeichenhandlung während der eigentlichen Firmung heraus (Handauflegung, Chrisamsalbung, Friedensgruß).

Das Zeichen der Handauflegung

Der Katechet legt ein großes Plakat in die Mitte, auf das eine große Hand gezeichnet ist. Die Jugendlichen schreiben auf das Plakat, was sie alles mit ihren Händen tun können (Hand reichen, streicheln, kitzeln, boxen ...). Dabei soll deutlich werden, wie vielfältig Menschen ihre Hände einsetzen können. Das Plakat wird an der Wand befestigt. Daraufhin bittet der Katechet einen Freiwilligen in die Mitte. Diesem legt er die Hände auf. Er fordert die Gruppe auf, zu überlegen, was diese Geste ausdrückt und wo sie einem im Alltag evtl. begegnet (Zuwendung, Liebe, Schutz, Eltern legen Kind die Hand auf ...). Der Katechet erläutert, dass diese Geste im Firmgottesdienst auftaucht. Dort bekommen die Jugendlichen vom Bischof die Hand aufgelegt. Der Bischof handelt dabei im Auftrag Jesu Christi. Diese Geste soll bedeuten: Gott liebt dich, er schützt dich.

Das Zeichen der Chrisamsalbung

Auf ein Tuch in der Mitte wird eine gutriechende Creme gelegt. Die Gruppe überlegt, wofür im Alltag Cremes gebraucht werden (Hautpflege, Schutz vor dem Austrocknen, Wunden heilen ...). Anschließend lädt der Katechet die Jugendlichen ein, sich zu zweit zusammenzusetzen. Er erläutert, dass das Bezeichnen mit einem Kreuz ein altes Segenszeichen ist: Eltern bekreuzigen z.B. ihre Kinder zum Abschied. Jeder soll nun seinem Partner mit der Salbe ein Kreuz auf die Stirn schreiben. Damit soll er einen Wunsch verbinden (z.B. Möge Gott dich gut pflegen, Gott bewahre dich vor Leid und Unglück ...), den er laut aussprechen darf, wenn er den Mut dazu findet. Diese Übung erfordert von einigen Jugendlichen Überwindung, vermittelt aber andererseits eine wichtige Erfahrung: Ich bekomme von einem anderen Menschen den Segen zugesprochen. Entlastend kann es sein, wenn der Katechet bei dieser Übung im Hintergrund leise Musik laufen lässt, so dass die Wünsche der Jugendlichen für die anderen nicht zu hören sind. Wenn alle Jugendlichen mit dieser Übung fertig sind, lädt der Katechet zu einer Austauschrunde ein:

- Wie habe ich die Bezeichnung mit dem Kreuz erlebt?
- War es angenehm?
- Ist es schön, von einem anderen einen Segen zugesprochen zu bekommen?

Im Verlauf des Gespräches kann der Katechet darauf hinweisen, dass im Firmgottesdienst zur Salbung Chrisam benutzt wird. Dieses Chrisam wurde in einem Gottesdienst vom Bischof gesegnet. Das frühe Christentum greift mit dem Brauch der Ölung auf eine alte antike Tradition zurück. Ursprünglich wurde der König gesalbt bzw. geölt. So bedeutet das Salben im Firmgottesdienst auch: Für Gott bist du ein König!

Das Zeichen des Friedensgruß

Nach dieser Austauschrunde nimmt sich die Gruppe an den Händen. Dies sollte so geschehen, dass die rechte Hand nach oben und die linke Hand nach unten weist. Der Katechet erklärt, dass dieses Zeichen im Firmgottesdienst aufgegriffen wird, wenn das Händereichen mit dem Friedensgruß des Bischofs verbunden wird. Der Katechet lädt die Gruppe ein, für eine Minute Stille zu halten und das Gefühl, sich an den Händen zu halten, wirken zu lassen. (Bei Gruppen, die sich mit Elementen der Meditation und Ruhe schwer tun, kann dies ausgelassen werden.) Dann spricht der Katechet folgenden Text:

Es tut gut zu wissen,
dass ich nicht alleine bin,
dass da links und rechts jemand ist,
der mich hält,
der mir Halt gibt.
Dass da links und rechts jemand ist,
der mich trägt,
der mich stützt.
So werden wir einander zur Stütze,
zum Halt.
Lasst uns diesen Traum
von einem Leben in Frieden und Harmonie
nie aus unseren Herzen verlieren.

Nun kann die Gruppe das Lied „Das wünsch ich sehr“ singen. Alternativ dazu ist es auch möglich, gemeinsam das Vaterunser zu beten.

Firmung, wie geht das

Der Katechet teilt das Blatt „Ablauf des Firmgottesdienstes“ aus. Zunächst liest jeder Jugendliche das Blatt für sich. Anschließend werden Fragen der Jugendlichen geklärt. Es kann hilfreich sein, in einem Rollenspiel die Firmung durchzuspielen, um die Jugendlichen mit dem liturgischen Ablauf vertraut werden zu lassen. Bei diesem Rollenspiel schlüpft einer der Jugendlichen in die Rolle des Bischofs. Die anderen spielen die Firmlinge, die vor den Bischof treten. (Dieser Schritt kann entfallen, wenn er an einer anderen Stelle der Katechese thematisiert wird).

Wegstrecke: Die Zeichen der Firmung

Wegstrecke: Die Zeichen der Firmung

Ablauf des Firmgottesdienstes

Eröffnung
- Lied
- Liturgische Begrüßung
- (Lied zum) Kyrie
- (Lied zum) Gloria
- Tagesgebet

Wortgottesdienst
- Lesung
- Lied

- Evangelium
- Predigt

Firmung
- Das Glaubensbekenntnis der Firmlinge (Wiedersagt ihr / Glaubt ihr ...)
- Das Bekenntnis der Gemeinde
- Hochgebet über den Firmkandidaten
- Das Zeichen der Handauflegung
- Das Zeichen der Salbung und die Bezeichnung mit dem Kreuz
- Das Zeichen des Händereichens (Friedensgruß)
- Fürbitten

Eucharistiefeier
- (Lied zur) Gabenbereitung
- Hochgebet (einschl. Sanctus)
- Vater unser
- Friedensgruß
- Brotbrechung
- Kommunion
- Dank-/ Schlussgebet

Entlassung
- Segen
- Lied

Firmung, wie geht das?

Frage nach dem Glaubensbekenntnis:

V.: Widersagt ihr ...
A.: Ich widersage.
V.: Glaubt ihr an Gott, den Vater ...
A.: Ich glaube.
V.: Glaubt ihr an Jesus Christus ...
A.: Ich glaube.
V.: Glaubt ihr an den Heiligen Geist ...
A.: Ich glaube.

Hochgebet über den Firmlingen

V.: Allmächtiger Gott, Vater unseres Herrn Jesus Christus, du hast diese Christen in der Taufe von der Schuld Adams befreit, du hast ihnen aus dem Wasser und dem Heiligen Geist neues Leben geschenkt. Wir bitten dich, Herr, sende ihnen den Heiligen Geist, den Beistand. Gib ihnen den Geist der Weisheit und der Einsicht, des Rates, der Erkenntnis und der Stärke, den Geist der Frömmigkeit und der Gottesfurcht. Durch Christus unseren Herrn.
A.: Amen.

Handauflegung

Der Bischof legt den zu Firmenden die Hände auf. Dazu legt der Pate seine rechte Hand auf eine Schulter des zu Firmenden.

Salbung mit Chrisam/ Bezeichnung mit dem Kreuz

Der Bischof zeichnet mit dem Chrisam ein Kreuz auf deine Stirn. Dazu spricht er:

V.: (Name), sei besiegelt durch die Gabe Gottes, den Heiligen Geist.
N.: Amen.

Wegstrecke: Die Zeichen der Firmung

Das wünsch ich sehr

Kanon zu 4 Stimmen

Harmoniefolge: B♭ C / F //
oder (in E-dur): A / E //

T: Kurt Rose
M: Detlev Jöcker

Notizen:

Notizen:

Wegweiser

Verschiedene Wegweiser geben den Katecheten auf den folgenden Seiten einen Überblick über das Terrain, das sie im Verlauf der Vorbereitung auf die Sakramentenfeier durchwandern werden. Sinnvoll ist es, wenn die Katecheten sich schon vor der Firmvorbereitung mit diesen Orientierungshilfen einen ersten Überblick über das gesamte Gelände verschaffen, das vor ihnen liegt. Neben der Einführung in die Firmvorbereitung sollen die Wegzeichen die Katecheten aber auch im Verlauf der Firmkatechese unterstützen. Sie werden immer dann eine Hilfe bieten, wenn unterwegs Unsicherheit aufkommt und die Katecheten befürchten, die falschen Schritte zu setzen und das eigentliche Ziel ihrer Wanderung aus den Augen zu verlieren.

Mit einer doppelten Unsicherheit starten viele Katecheten in die Firmbegleitung: Wer sind die Jugendlichen, mit denen sie sich auf den Weg machen? Und wohin sollen sie eigentlich mit ihnen gehen? Was ist das (theologische) Ziel der Firmvorbereitung? Auf diese beiden Fragen soll zunächst geantwortet werden, bevor für die Firmvorbereitung ein Routenplan entworfen werden kann.

Wegweiser der Sakramententheologie

Zunächst einmal zur Feier der Firmung selbst. Im Zentrum dieses Sakraments steht die Handauflegung (und Chrisamsalbung) durch den Bischof. Diese zeichenhafte Handlung ist in der Vergangenheit mit verwirrenden Vorstellungen überfrachtet worden. Doch in ihrem Ursprung ist sie eine bis heute verständliche und sinnvolle Zeichenhandlung. Um sie zu verstehen, müssen Menschen lernen, Dinge nicht vordergründig zu betrachten, sondern ihre religiöse Dimension zu entdecken und mit den Augen des Glaubens hinter die Dinge zu schauen. Es wird in der Firmvorbereitung immer wieder darauf ankommen, Jugendliche zu solch einer Sichtweise zu ermutigen und zu befähigen. Sie sollen entdecken: Oft steckt mehr hinter einem Gegenstand, als ein flüchtiger Betrachter mit bloßem Auge sehen kann. Zwar ist es für Menschen, die im Alltag eine sachlich-kühle Sichtweise gewohnt sind, zunächst schwer, einen Bezug zu den kirchlichen Sakramenten und der Sakramentalität der Wirklichkeit zu finden. Doch gerade die Sakramentalität im Alltag kann helfen, die Firmung als Sakrament neu zu verstehen.

Die Rose auf dem Esstisch ist zunächst einmal nur eine stachelige Blume mit einer hübschen roten Blüte. Doch für Verliebte ist sie mehr als eine Pflanze. Für den Mann, der sie seiner Frau mitgebracht hat, ist die Rose eine wortlose Liebeserklärung. Und für die Frau, der die Rose geschenkt wurde, ist die Blume das Zeichen für die unsichtbare Liebe, die ihr gilt. Beim Anblick der Rose denkt die Frau nicht an ein botanisches Gewächs, sondern an ein tiefes menschliches Gefühl ihres Mannes oder Freundes, von dem die Rose spricht. Die Blume wird zum Symbol, das mehr sagt als der Gegenstand selbst.

In der Kommunikation greifen Menschen oft auf Zeichen und Symbole zurück, um ihre Gedanken und Gefühle auszudrücken. Besonders intensiv drücken dabei symbolhafte Handlungen etwas über die Beziehung zwischen zwei Menschen aus. Eine zärtliche Umarmung bei der Begrüßung sagt mehr aus als viele Worte. Und ein inniger Kuss lässt einen Menschen nicht nur wissen, dass er geliebt wird. Er kann diese Liebe beim Küssen sogar spüren. Die Liebe, die der Kuss zwischen zwei verliebten Menschen ausdrücken soll, wird also in der zeichenhaften Handlung spürbar. Der Kuss bekommt sakramentalen Charakter, weil er automatisch real und spürbar werden lässt, was er ausdrücken will: Die Liebe.

Hier liegt eine wichtige Parallele zum Sakrament der Firmung vor. Auch die Feier der Firmung besteht aus der symbolhaften Handauflegung (und Chrisamsalbung). Diese zeichenhafte Geste drückt aus, dass Christen den Heiligen Geist empfangen haben. Dadurch, dass die Zeichenhandlungen die Männer und Frauen an die Gegenwart des Heiligen Geistes erinnern, wird der Geist Gottes im Rahmen der Firmfeier (und darüber hinaus) für sie spürbar. Insofern ist die zeichenhafte Handlung im Rahmen der Firmfeier nicht „nur" eine Geste (und erst recht keine magische Handlung), sondern wirksame Symbolhandlung. Theologen haben die Macht der zeichenhaften Handlungen (also den hier geschilderten Zusammenhang) auf eine Kurzformel gebracht: Das Sakrament bewirkt, was es bezeichnet.

Missverständlich war in der Vergangenheit die Formulierung, Christus habe die Firmung ebenso wie die anderen kirchlichen Sakramente „eingesetzt". Die Sakramente wurden der Kirche nicht vom historischen Jesus verordnet, sondern wurden von der Kirche im Lauf der Zeit entdeckt. Erst auf dem Konzil von Trient (1545 - 1552) hat sich die katholische Kirche auf sieben Sakramente festgelegt, wobei sich mit der Zahl „sieben" die symbolische Vorstellung von Ganzheit und Fülle verbindet.

In den Anfängen des Christentums war die Firmung noch ein fester Bestandteil eines einzigen Aufnahmeritus in die Kirche, in dessen Zentrum drei Zeichenhandlungen standen: Eintauchen in das Wasser („Taufe"), Handauflegung durch den Bischof („Firmung") und eucharistisches Mahl („Kommunion"). Diese liturgische Einheit fiel im vierten Jahrhundert auseinander. Zwei Gründe dürften dabei eine entscheidende Rolle gespielt haben: Zum einen ging die Kirche dazu über, nicht Erwachsene, sondern bereits Kinder zu taufen. Zum anderen nahm die Zahl der Christen in diesen Jahren (durch den Übergang zur Volkskirche) sprunghaft zu, und der Bischof konnte nicht mehr bei allen Aufnahmefeiern („Taufen") selbst anwesend sein. Die Taufe wurde zur Angelegenheit des Priesters. Da man in der Westkirche aber an der Handauflegung durch den Bischof festhielt (er galt als „ordentlicher Spender" des Firmsakraments), fielen der Wasserritus (Taufe) und die Handauflegung (Firmung) auseinander in zwei getrennte liturgische Feiern.

Eine Aufnahmefeier in die Kirche:
- Wasserritus
- Handauflegung **Praxis der frühen Kirche**
- eucharistisches Mahl

Drei Stationen der Aufnahme in die Kirche
- Taufe (mit Wasserritus)
- Kommunion (mit eucharistischem Mahl) **heutige Praxis**
- Firmung (mit Handauflegung)

Mit dem Auseinanderfallen der einen Aufnahmefeier in drei „Stationen der Aufnahme" veränderte sich die Bedeutung der einzelnen Stationen, die jeweils ein eigenes Profil gewannen. Die Firmung wurde immer stärker zum Passageritus. Der französische Religionswissenschaftler Arnold Van Gennep zeigte

Anfang des 20. Jahrhunderts in seinem epochalen Werk „Rites de passage", dass sich in allen Kulturen für die Übergänge Geburt, Reife, Hochzeit und Tod Riten entwickelt haben, die den Übergang symbolisch verdichtet begleiten. Die Firmung wurde immer mehr als das Sakrament der (religiösen) Reife verstanden. Sie begleitet den Jugendlichen auf dem Weg des Erwachsenwerdens und markiert die Station der religiösen Entscheidung, die ein Jugendlicher fällt.

Wegweiser der Jugendsoziologie

„Wer sind die Jugendlichen, denen wir im Rahmen der Firmvorbereitung begegnen?" Diese Frage stellt sich den Katecheten meist automatisch, wenn sie sich Gedanken über die von ihnen übernommene Aufgabe der Firmvorbereitung machen. Bevor nun die jüngsten Ergebnisse einschlägiger Untersuchungen wiedergegeben werden, müssen jedoch alle diejenigen enttäuscht werden, die gerne die Beschreibung des „Jugendlichen an sich" erwarten, der ihnen im Rahmen der Firmvorbereitung begegnen wird. Glücklicherweise gibt es diesen Jugendlichen nicht, sondern jeder Jugendliche muss in seiner Individualität wahrgenommen und akzeptiert werden. Dies ist die für die kirchliche Jugendarbeit wichtigste und zugleich banalste Erkenntnis der jüngeren Jugendforschung. Die „Jugend hat sich im Verlauf der fortschreitenden Modernisierungsprozesse derart differenziert, dass eine generalisierende Aussage über sie kaum mehr möglich ist." [1] Selbst die Jugendlichen, die sich in einer Gemeinde engagieren und im Rahmen ihrer Entwicklung eine „religiöse Sozialisation" erfahren haben, werden nur wenige übereinstimmende Eigenschaften aufweisen, die sie von ihren Altersgenossen unterscheiden. So belegte die jüngste Shell-Jugendstudie [2], was schon 1985 festgestellt wurde: Deutliche konfessionell begründete Konturen prägen selten das Leben Jugendlicher. Unterschiede zwischen katholischer und evangelischer Konfessionszugehörigkeit machen sich höchstens noch bei Praktiken und Einstellungen bemerkbar, die direkt zur kirchlich-religiösen Sphäre gehören.[3]

Auch wenn es den Prototypen eines heutigen Jugendlichen nicht gibt, kann dennoch etwas über den „religiösen Gemütszustand" der Jugend ausgesagt werden - wobei die Aussagen stets nur statistische Angaben sind, die sich auf die Gesamtheit der Jugendlichen in Deutschland zu Beginn des 21. Jahrhunderts beziehen. Zunächst einmal gaben 59 Prozent aller befragten katholischen Jugendlichen an, einen Gesprächspartner für alle Sorgen und Nöte zu haben (ein höherer Prozentsatz als bei den befragten Jugendlichen ohne Religionsgemeinschaft sowie den evangelischen oder muslimischen Jugendlichen).[4] In der Regel sind diese Gesprächspartner übrigens die Eltern, denn auch dies zeigen jüngste Studien: Entgegen den reißerisch vorgetragenen Verlautbarungen vieler Medien wachsen Kinder und Jugendliche in Deutschland meist in einer Atmosphäre auf, in der sie sich behütet und angenommen fühlen. Diese Diagnose ist zunächst einmal beruhigend und belegt, dass Kinder und Jugendliche auch zu Beginn des 21. Jahrhunderts keine verhaltensgestörten, seelenlosen Computer-Zombies sind, die sich von ihrer Umgebung abgeschoben im Internet tummeln oder mutterseelenallein und vaterlos durch die Fernsehprogramme surfen. Gerade die Eltern sind im Vergleich zu früheren Generationen von Jugendlichen wieder zu den wichtigsten Gesprächspartnern geworden - wobei festzustellen ist, dass Freunde mit zunehmendem Alter die Eltern als wichtigste Gesprächspartner ablösen.
Problematisch für die religiöse Erziehung der Jugendlichen ist in diesem Zusammenhang, dass gerade die Glaubenserziehung von den meisten Eltern nicht mitgetragen wird, da sie nicht gelernt haben, über religiöse Fragen (explizit) zu sprechen.[5] Somit fällt der wichtigste Gesprächspartner für viele Jugendliche aus, wenn es um ihre religiöse Erziehung geht. Doch darf bei dieser Analyse nicht übersehen werden, dass viele Mütter und Väter ihren Glauben dennoch implizit (unausgesprochen) an ihre Kinder weitergeben, indem sie ihnen täglich eine von christlichen Werten geprägte Lebenseinstellung vorleben und diese - wiederum implizit - an die Jugendlichen weitergeben.

Ein weiterer Aspekt erschwert den Dialog über Glaubensfragen zwischen Eltern und Jugendlichen: Parallel zur religiösen Sprachlosigkeit der Eltern lässt sich eine religiöse Kommunikationsunlust der Jugendlichen feststellen. Im Rahmen der Jugendstudie gab fast die Hälfte (46 Prozent) der Befragten an, über religiöse Dinge ungern zu reden, nur 14 Prozent bekannte sich dazu, gerne über Fragen der Religion zu sprechen. Und eine empirische Untersuchung von Carsten Wippermann zeigt, dass die religiöse Selbsteinschätzung von Jugendlichen und jungen Erwachsenen zu Dreiviertel durch mangelnde religiöse Kommunikation gekennzeichnet ist.[6] Spekulation wäre es an dieser Stelle, Vermutungen darüber anzustellen, ob zunächst die Sprachnot der Eltern oder die Sprachunlust der Jugendlichen vorlag. Hier scheint die eine Mentalität auf jeden Fall gut mit der anderen zu korrespondieren, so dass das Thema „Religion" im Alltag der Jugendlichen zum Verstummen gebracht wird.

Detaillierte Angaben liefert die Shell-Studie zur Gottesdienstpraxis der Jugendlichen: 83 Prozent aller Befragten besuchten in den letzten Wochen keinen Gottesdienst, 9 Prozent nahmen einmal, 4 Prozent zweimal und 4 Prozent dreimal und öfter an einem Gottesdienst teil. Diese geringen Werte sind zwar signifikant, dürfen jedoch nicht zu vorschnellen Schlüssen verleiten. Die jüngste Studie wiederholt, worauf bereits in der 11. Shell-Jugendstudie hingewiesen wurde: Es wäre ein Fehlschluss, den nicht besuchten Gottesdienst mit religiöser Abstinenz der jungen Generation gleichzusetzen.

Immerhin 27 Prozent aller befragten Jugendlichen gaben an, manchmal oder regelmäßig zu beten, 17 Prozent möchten keine Aussage machen, und mehr als die Hälfte aller Jugendlichen, nämlich 56 Prozent, verneint die Frage nach einer Gebetspraxis ganz. Auffällig ist ein Unterschied bei den befragten Mädchen und Jungen. Nach Geschlecht unterschieden beten 20 Prozent der männlichen und 33 Prozent der weiblichen Jugendlichen.

Auf die Frage, ob sie an ein Weiterleben nach dem Tod glauben, antworteten 31 Prozent aller Befragten mit „ja". Ähnlich viele Jugendliche, nämlich 35 Prozent, lehnen solch eine Vorstellung ab. Ebenso viele Jugendliche sind unentschieden. Mit steigendem Alter nimmt bei den Jugendlichen übrigens dieser Glaube an ein Weiterleben ab.

Mager ist erwartungsgemäß auch der Anteil der Jugendlichen, die im Alten oder Neuen Testament lesen. Nur 1 Prozent aller Befragten gaben an, sehr oft in der Bibel zu lesen, 2 Prozent lesen oft, 19 Prozent selten und immerhin 78 Prozent nie im Glaubensbuch ihrer Religionsgemeinschaft.

Noch ein wichtiges Ergebnis der großen Jugendstudie: Immerhin 7 Prozent der Befragten gaben an, einer kirchlich-konfessionellen Jugendgruppe anzugehören. Mit steigendem Alter nimmt die Zugehörigkeit zu solch einer Gruppe ab. Die Mitgliedschaft in einer kirchlichen Jugendgruppe scheint sich positiv auf die Einstellung der Befragten zu ihrer Zukunft auszuwirken. Die Mitglieder dieser Jugendgruppen besitzen im

Vergleich mit anderen Jugendlichen die höchste Gewissheit, ihre Zukunft zu gestalten und rechnen weniger mit schweren Herausforderungen in der Zukunft. Sie strahlen also einen größeren Optimismus aus als Altersgenossen, die nicht in kirchlich-konfessionellen Gruppen engagiert sind. Indirekt ist dies ein Kompliment, das die Shell-Studie der kirchlich-konfessionellen Jugendarbeit macht. Denn offensichtlich besteht ein Zusammenhang zwischen der kirchlichen Jugendarbeit und der optimistischen Lebenseinstellung junger Menschen.

Im Vergleich zu früheren Shell-Jugendstudien lässt sich - wenn die oben genannten Aspekte als Indikatoren anerkannt werden - insgesamt ein Rückgang der Religiosität bei den Jugendlichen feststellen. Dies lässt sich an folgenden Verschiebungen zeigen (die folgenden Angaben beziehen sich nur auf die westdeutschen Jugendlichen, da für 1985 keine Angaben über die ostdeutschen Jugendlichen vorliegen). Aufgrund der Daten aus früheren Jugendstudien ergibt sich ein durchgehender Rückgang beim Glauben an ein Weiterleben nach dem Tod (von 49 auf 32 Prozent), beim Gottesdienstbesuch (von 21 auf 11 Prozent) und beim Beten (von 36 auf 28 Prozent).[7] Diese Niveauverschiebungen nach unten haben sich in einer Zeitspanne von nur anderthalb Jahrzehnten ergeben. Die Jugendstudie bezeichnet sie als „signifikant für die religiös-kulturelle Gestimmtheit der Jugend, für ihre Grundhaltung zur Welt und zum Leben insgesamt“[8].

Wegweiser der Religionssoziologie

Doch auch wenn das Urteil über den Glaubensverlust bei Jugendlichen durch die oben genannten Zahlen und Entwicklungen belegbar scheint, handelt es sich dabei wahrscheinlich um ein vorschnelles Urteil oder zumindest eine einseitige Betrachtungsweise. Denn die Jugendlichen leben ja nicht als isolierte Wesen losgelöst von der Gesellschaft. Sie sind ein Teil von ihr, und der Verdacht liegt nahe, dass ein gesamtgesellschaftliches Phänomen in verschiedenen Studien an Jugendlichen verifiziert wird. Dies führt dann dazu, dass dieser Trend auf Jugendliche projiziert und an ihnen problematisiert wird.[9] Doch stattdessen könnte eine zutreffendere Diagnose ja auch lauten, dass die Jugendlichen Teil einer Gesellschaft sind, die einen Prozess der Säkularisierung durchmacht, und dadurch in einen gesamtgesellschaftlichen Sog geraten. Fünf Aspekte solch einer Säkularisierung benennt der Religionssoziologie Franz Xaver Kaufmann in seinem jüngst veröffentlichten Buch „Wie überlebt das Christentum“. Besondere Bedeutung kommt der von Kaufmann festgestellten „Säkularisierung als Entchristlichung und Entkirchlichung der Bevölkerung“ zu. Der Religionssoziologe schreibt: „Während sich die vorangehenden Bestimmungen aus soziologischer Sicht im Wesentlichen auf die makrotheoretischen Zusammenhänge von Religion und Kultur bzw. Kirche und Gesellschaft bezogen, steht hier der mikrosoziologische Sachverhalt sinkender kirchlicher Beteiligung und des Schwindens christlicher Orientierung im Wissens- und Verhaltensbereich der Bevölkerung im Vordergrund.“[10] Dieses Phänomen lässt sich übrigens weltweit belegen. So sind die Religionslosen die im 20. Jahrhundert am stärksten wachsende Gruppe der Bevölkerung.[11]

„Die persönliche Religiosität wird (...) immer weniger noch als christlich verstanden, löst sich also nicht nur aus traditionalen kirchlichen Bindungen, Glaubensvorstellungen und -praktiken, sondern sieht sich immer weniger auch in einem überkonfessionellen christlichen Traditionsstrom verankert. Überdurchschnittlich ist bei ihnen auch die Existenzdeutung ausgeprägt, mit Hilfe des Glaubens ein sinnvolles Leben zu führen und im Leben den Willen Gottes zu erfüllen, um am Ende die ewige Seligkeit zu erlangen. Persönlichkeitsentwicklung, viel Freude im Leben zu haben und Lebensgenuss als Lebenszweck gewinnen zwar auch in der Gesamtbevölkerung und unter älteren Menschen, selbst unter kirchennahen Christen, an Bedeutung, erreichen aber die höchsten Stellenwerte insbesondere in der Generation der heute unter 29jährigen.“[12]

In der Firmpastoral sammeln sich nun all die Fragen und Herausforderungen, die im Spannungsverhältnis zwischen Jugendlichen und Religion (bzw. Kirche) entstehen. Um so erstaunlicher ist, dass Jugendliche sich heute noch in relativ großer Zahl zur Firmvorbereitung entschließen. Die Frage ist berechtigt: Was motiviert die scheinbar religionsverdrossenen Jugendlichen in einer scheinbar glaubensarmen Gesellschaft dazu, sich für ein solches scheinbar unattraktives Angebot zu entscheiden? Eine erste Antwort gibt eine Untersuchung aus dem Erzbistum Köln: „Der christliche Glaube wie auch die religiöse Erfahrung treten als Einflussgrößen auf die Firmentscheidung in den Hintergrund ... Ob sich einer der mehrheitlich 15- bis 16jährigen Jugendlichen in diesen Seelsorgebereichen firmen lässt, ist von seiner religiösen Praxis und den Meinungen von Personen abhängig, die dem Jugendlichen nahe stehen. In erster Linie sind dies Eltern und Freunde.“[13]

Auf die unterschiedlichen Motive von Jugendlichen, sich zur Firmvorbereitung anzumelden, wird später noch ausführlich eingegangen werden. Doch auf eines sei in diesem Kontext schon hingewiesen. Wenn die religiös sprachlos gewordenen Eltern in einer religiös sprachlosen Gesellschaft ausschlaggebend dafür sind, dass ihre Kinder sich zur Firmvorbereitung anmelden, dann muss in ihnen wohl eine unerfüllte Sehnsucht schwingen, die sie nicht in Worte fassen können. Der Kirche trauen sie zu, diese Aufgabe zu übernehmen. Es scheint also eine Verkirchlichung der expliziten Religiosität zu geben, die - und davon geht diese Firmkatechese aus - mit einer Verweltlichung der impliziten Religiosität einhergeht.[14]

Wegweiser der Entwicklungspsychologie

Nach diesen religionssoziologischen bzw. pastoralen Überlegungen soll nun kurz auf entwicklungspsychologische Merkmale[15] des Jugendalters eingegangen werden. Natürlich lassen sich die folgenden Angaben nicht auf alle Jugendlichen gleichermaßen übertragen. Doch zeigen sie, welche Entwicklungen das Jugendalter beeinflussen. Ab etwa dem 11. - 13. Lebensjahr setzt ein puberaler Wachstumsschub ein. Die physiologischen Veränderungen bedingen beim Jugendlichen zwangsläufig psychische Veränderungen: Die Jugendlichen werden mit ihren körperlichen Veränderungen konfrontiert. Der Körper wird zum Mittelpunkt der eigenen Interessen, das Interesse an der Umwelt geht zurück. Existentielle Verunsicherung breitet sich aus, denn das Körperbild des Jugendlichen ist eng mit seinem Selbstbild verbunden. Häufig führt die Auseinandersetzung mit der veränderten Physiognomie bei den Jugendlichen zur Unzufriedenheit, beispielsweise wegen der Unausgewogenheit des Körperbaus (Extremitäten) oder wegen auftretender Akne. Erste Schminkversuche werden in diesem Alter häufig unternommen. Kamm, Kosmetik, Klamotten bzw. ihre offensichtliche Ablehnung werden wichtig. Typisch für das Jugendalter ist eine affektive Labilisierung. Die Gefühle sind instabil. Unerwartete, nicht zu steuernde Gefühlsschwankungen treten auf. Tiefe Niedergeschlagenheit

„Glaubenswahrheiten" nicht viel bieten zu können. Doch Christen müssen sich nicht schwer beladen, wenn sie sich auf den Weg machen. Das wichtigste sind die offenen Augen, Ohren Herzen sowie die eigene Gewissheit, dass der Glaube dem eigenen Leben gut tut und entscheidend zum gelingenden Leben beiträgt (siehe „Die Jugendlichen werden zum Wegweiser". Solch ein Wissen prägt ein gesundes Glaubens-Selbstbewusstsein. Und es ist übrigens auch statistisch belegbar. In den Vereinigten Staaten, in Kanada und in Deutschland haben gut drei Duzend Untersuchungen ziemlich eindeutig gezeigt: Zwischen einem persönlich bedeutsamen Glauben einerseits und Lebenszufriedenheit, Glücklichsein, positiver Gestimmtheit und Sinnorientierung andererseits besteht ein Zusammenhang. Diese Verbindung zeigt sich vor allem bei Menschen, deren (intrinsischer) Glaube tief in der eigenen Psyche verwurzelt ist. Bernhard Grom zitiert das Ergebnis der 1992 von Emnid im Auftrag der Zeitschrift „Spiegel" durchgeführten Untersuchung „Was glauben die Deutschen?" Die Erhebung kommt zum Ergebnis, dass beispielsweise Gottesdienstbesucher sich deutlich positiver über ihre Lebenszufriedenheit äußern als Personen, die keinen Bezug zu ihrer Gemeinde haben.[30] Als Katechet darf man sich also mit dem Selbstbewusstsein „Glauben tut gut" auf den Weg machen.

Dieses Selbstbewusstsein sollte die Kraft geben, sich mit jungen und suchenden Menschen auf eine lebenswichtige Suche zu machen. Und dabei das eigene Leben auf den Prüfstand zu stellen. In jeder Begegnung mit den Jugendlichen muss der Katechet damit rechnen, dass er von den Jugendlichen nicht nur herausgefordert, sondern evtl. sogar „bekehrt" wird. Gerade diese Fähigkeit, sich trotz des meist vorhandenen Altersunterschiedes mit den Jugendlichen auf den Weg zu machen, zeichnet Katecheten als kompetente und tiefgläubige Menschen aus, die wie Abraham den Ruf vernommen haben, in ein unbekanntes Land aufzubrechen, und die diesem Ruf gefolgt sind, weil ihr Gottvertrauen stark genug für solch ein Wagnis ist.[31]

Am wichtigsten auf diesem Weg sind die stets wachsamen Augen und offenen Ohren. Denn oft werden die Jugendlichen vorgeben, auf welches Terrain man sich im Rahmen der Firmvorbereitung begibt. Gerade bei dem hier vorgestellten Modell einer Firmvorbereitung geht es nicht darum, dem Glauben der Jugendlichen einen „Kirchenglauben" überzustülpen, der lebensgeschichtlich nicht inkulturiert ist. Dies wird immer dann schnell geschehen, wenn Jugendliche im Rahmen der Firmbegleitung zu einer kirchlichen Praxis verpflichtet werden, die ihnen auf Grund ihrer bisherigen Lebenspraxis fremd ist. Damit Kirchlichkeit Jugendlichen nicht künstlich aufgesetzt wird und somit keine Wurzeln im eigenen Leben schlägt, muss die Religiosität Jugendlicher in ihrer individuellen Gestalt, wie sie sich lebensgeschichtlich entwickelt hat, an- und ernstgenommen werden. Dabei geht es nicht darum, die Impulse der Jugendlichen auf sozialpsychologische oder institutionelle Prozesse zu reduzieren. Vielmehr sollen innere Vollzüge „als ein Beziehungsgeschehen mit einer transzendenten, den Menschen und seine ihm selbständig zur Verfügung stehenden Möglichkeit identifiziert werden".[32]

Die Jugendlichen werden zum Wegweiser

Die Religiosität Jugendlicher (und natürlich der Katecheten) ist der eigentliche Proviant auf dem Weg der Firmvorbereitung. Insofern ist es eine mystagogische Firmvorbereitung, zu der diese Firmmappe den Katecheten und die Jugendlichen ermutigen möchte. Solch eine mystagogische Wegbegleitung geht davon aus, dass Gott sich im Leben eines jeden Menschen finden lässt. Katechese ist - wie damals auf dem Weg nach Emmaus - zunächst Lebensbegleitung. Absichtslos ist sie insofern, weil sie nicht auf die Rekrutierung der Jugendlichen für die Kirche oder Gemeinde abzielt. Dennoch ist sie zugleich zielgerichtet, weil sie die Jugendlichen ermutigt, ihr Leben mit den Augen eines Christen zu betrachten. Solch ein christlicher Blickwinkel zeichnet sich dadurch aus, dass Menschen sensibel für die Spuren Gottes werden. Mystagogische Firmvorbereitung ist also Begleitung und erschließende Hinführung zu jener ursprünglichen Gottesbeziehung, die das Leben jedes Menschen geheimnisvoll bereichert. Katechese verlässt dabei den religiösen Bereich im engeren Sinn und öffnet sich für den gesamten Lebensvollzug der Jugendlichen, der aus dem Glauben gedeutet und gestaltet werden soll.[33]

Als roter Faden zieht sich das mystagogische Anliegen durch die einzelnen katechetischen Elemente, dass die religiöse Dimension in der Kultur der Jugendlichen entdeckt wird. Denn auch der Zeitgeist ist eine Mischung aus Heiligem Geist und Ungeist. Aufgabe des Katecheten ist es, die Webfäden voneinander zu trennen und den Faden des Geistes Gottes weiterzuführen.

Mit diesem Verständnis von mystagogischer Katechese greift die Firmmappe den Gedanken von Karl Rahner auf, dass das Christentum nur dann zukunftsfähig wird, wenn im Leben der Christen statt einer äußerlichen Religiosität die innere religiöse Erfahrung zum Motor des Glaubens wird. Der große Theologe schrieb schon vor über einem Vierteljahrhundert der Kirche ins Tagebuch, was heute beinahe prophetisch klingt: „Der Fromme von morgen wird ein „Mystiker" sein, einer, der etwas erfahren hat, oder er wird nicht mehr sein, weil die Frömmigkeit von morgen nicht mehr durch die im voraus zu einer personalen Erfahrung und Entscheidung einstimmige, selbstverständliche öffentliche Überzeugung und religiöse Sitte aller mitgetragen wird."[34]

Solch ein Verständnis von Katechese bedeutet, dass es vor allem der Katechet ist, der sich auf ungewohntes Terrain einlässt. Er wagt es, den von den Jugendlichen eingeschlagenen Weg mitzugehen und auf deren Pfaden zu wandern. Im Leben der Jugendlichen, vor allem in der Jugendkultur und in der Gesellschaft muss er Glaubenszeichen suchen, die er zum Ort religiöser Erfahrung werden lässt. Einige dieser religiösen Elemente aus der Jugendkultur sind bereits in den einzelnen „Wegstrecken" aufgenommen und können so aufgegriffen werden. Da die Jugendkultur jedoch extrem schnelllebig ist, kommt es vor allem auf die Wachheit des Katecheten an, im Gespräch mit den Jugendlichen solche religiöse Wegzeichen zu entdecken. Er wird überrascht sein, an welch unvermuteten Orten (z.B. in der Popmusik) er fündig wird. Denn es gibt vielfältige Belege dafür, „dass sich manche Formen nicht-traditionaler Spiritualität gerade in Auseinandersetzung, Abgrenzung und im Gegenüber zu erwachsenen Pädagogen und Jugendarbeitern entwickeln. Insofern jedoch Kirche und kirchliche Jugendarbeit ein Interesse an Spiritualität von Jugendlichen haben, kann dieses nur in der Weise eines Angebotes zur Begleitung bei den entsprechenden Suchbewegungen zur Geltung gebracht werden"[35].

„In den Jugendkulturen lassen sich durchaus Elemente des Ekstatischen finden - der Sehnsucht, in eine andere Welt einzutauchen, vielleicht auch, ein Stück zu flüchten aus der Wirklichkeit. Es ist entscheidend, die Suche, die sich in solchen Musikformen ausdrückt, wahrzunehmen und auch in der Jugendarbeit solche Erlebnisse mitzuschaffen - aber

gleichzeitig sie und die dahinter liegenden Sehnsüchte zu beleuchten, um auch behutsam Antworten zu geben.“[36]

Fündig wird der Katechet außerdem werden, wenn er mit den Jugendlichen Orte aufsucht, an denen Menschen religiöse Erfahrung machen und an denen es zu signifikanten Begegnungen kommen kann. Dies können unter anderem sein[37]:

- Begegnung mit der Natur und Schöpfung Gottes
- Begegnung mit geschichtlichen Personen, deren christlicher Lebensstil auf Gott hinweist
- Spurensuche in der eigenen Biographie
- Blick auf eigene Gaben und das, was einen selbst begeistert
- Begegnung mit geliebten Menschen
- Begegnung mit Menschen, die sich füreinander und für die Bewahrung der Schöpfung einsetzen
- Begegnung mit Menschen, die sich für Kranke und Hungernde einsetzen
- Begegnung mit und Kennenlernen der Pfarrgemeinde
- Feier des christlichen Glaubens in der Liturgie

Die Forderung nach solch einer Offenheit für die Lebenswelt der Jugendlichen in der Firmvorbereitung wird manchen Katecheten überraschen, vielleicht auch erschrecken. Deshalb muss an dieser Stelle nochmals betont werden: Es geht nicht darum, den christlichen Glauben aufzuweichen und in einem diffusen „irgendwie überall“ zu plazieren. Im Gegenteil, der Ansatz dieser Katechese geht davon aus, dass sich die Religion nicht in einen für das kirchlich-religiöse Leben reservierten Winkel des Lebens abschieben lässt, sondern dass das Leben der Jugendlichen an sich religiös ist. Aufgabe des Katecheten ist es deshalb, gemeinsam mit den Jugendlichen in deren eigenen Leben auf die religiöse Spurensuche zu gehen.

Diese Offenheit der christlichen Religion ist übrigens nichts Neues. Sie war schon in der Vergangenheit wichtig dafür, dass das Christentum in unterschiedlichen geschichtlichen Epochen und Kulturen überleben konnte - und auch in der Zukunft Bestand haben wird. In seinem gerade veröffentlichten Buch „Wie überlebt das Christentum“ schreibt der Soziologe Franz Xaver Kaufmann: „Das Christentum verdankt seinen geschichtlichen Erfolg der Fähigkeit, seine Botschaft stets erneut im Lichte unterschiedlicher Kulturen auszulegen. Trotz seiner Traditionsgebundenheit hat es dabei eine erstaunliche historische Komplexität erreicht, d.h. es bewahrt in seinen Traditionen eine Vielfalt der Auslegungen auf, die uns heute, in einer angesichts der ungewissen Zukunft besonders geschichtssensiblen Zeit, als eine Ressource erscheinen mögen. In einer Epoche fortgesetzten Wandels wird auch das Christentum zu neuen Auslegungen seiner Botschaft und zur Entwicklung zeitgemäßer Formen der Vergemeinschaftung herausgefordert.“ [38] Dies schließt ein, sich im Gespräch mit jungen Menschen auch für ihre Lebenswelten zu öffnen, damit es im Rahmen der Firmvorbereitung zu einer „Inkulturation in den heutigen jugendlichen Lebenswelten“ kommen kann.[39]

„Wir sollten nicht zuerst fragen: Wie kommt unser Gegenstand, nämlich Religion, in der Theologie vor, sondern zunächst einmal: Wo und wie kommt Religion in der Welt heutiger Kinder und Jugendlicher vor? Wo und wie wird Religion für Heranwachsende wichtig?“ [40]

- **Ehrfurcht und Staunen: Bei Jugendlichen gibt es ein „korrigierendes Verlangen“, die Wirklichkeit von Schöpfung und Mensch nicht nur mit dem „Kopf“, sondern auch mit dem „Herzen“ wahrzunehmen und so Zugang zur „Tiefe im Leben“ zu haben.**
- **Mitleid und Fürsorge: Bei Jugendlichen gibt es Minderheiten, „die den Gewinn an individuell verfügbaren Lebensmöglichkeiten zugleich als bedrohlichen Verlust geteilter Freude und Not erfahren. Sie suchen nach neuen Gemeinschaftsformen, in denen sie wieder mit anderen fühlen und sich untereinander sorgen können.“**
- **Selbstbegrenzung und Maß: Bei sensiblen Jugendlichen gibt es „das Suchen nach Alternativen, in denen gezügelte Ansprüche, ja sogar ein betont einfaches Leben als inhaltsreicher erfahren wird“.**
- **Verlässliche Beheimatung: Heilig ist „vielen Heranwachsenden, dass sie wenigstens bei einem Menschen ein verlässliches Zuhause haben und auch für einen anderen Menschen dieses Zuhause sein wollen“.**
- **Gewaltlosigkeit und Versöhnung: „Minderheiten von Jugendlichen reagieren auf die Gefahr der Selbstzerstörung der Menschheit damit, dass ihnen gewaltlose Konfliktlösungen ganz wichtig sind und Versöhnung zum höchsten Anliegen ihres Handelns wird.“**[41]

Die Wegstrecken für die Routenplanung

Um den Katecheten bei dieser schwierigen Wegbegleitung zu helfen, zeichnet diese Firmkatechese einzelne Wegstrecken vor. Der Aufbau der Wegstrecken in dieser Firmmappe orientiert sich am Apostolischen Glaubensbekenntnis und seinen fünf tragenden Säulen[42]:

1. Identität: Der Glaube daran, dass sich hinter dem eigenen Leben und der eigenen Identität ein Geheimnis verbirgt, das größer ist als das Leben selbst. Um dieses Geheimnis zu erahnen, müssen Jugendliche die Möglichkeit erhalten, zunächst dem eigenen Leben auf die Spur zu kommen.

2. Gott: Der Glaube an Gott, dem Anfang und Ende allen Seins. Dieser christliche Gott ist nicht der strafende Buchhaltergott, sondern ein liebevoller Vater, eine zärtliche Mutter. Ein Gott, der alles zum Guten wenden will und das verletzte Leben heilt.

3. Jesus Christus: Der Glaube an Jesus, der den Menschen den liebenden und väterlichen Gott verkündet hat. In seinem Leben kann man bis heute ablesen, wozu Menschen fähig sind, die auf einen liebenden Vatergott vertrauen.

4. Heiliger Geist: Der Glaube an den Geist Gottes, der die Menschen mit Gott und untereinander als Kirche verbindet. Wenn Menschen diese Verbindung in ihrem Leben erfahren, ermatten sie nicht in ihrer Isolation, sondern werden in der Gemeinschaft für das Leben gestärkt.

5. Kirche: Ein weiteres Kapitel umfasst Bausteine zum Themenbereich „Kirche“, da die Firmkatechese die Jugendlichen darauf vorbereiten wird, sich für oder gegen die endgültige Aufnahme in die Kirche zu entscheiden.

Diese fünf Themenbereiche sind also die Stationen des Weges, zu denen die einzelnen Wegstrecken führen. Im Kontext dieser Themen kommt es nun darauf an, im Rahmen der Katechese ein Gleichgewicht herzustellen zwischen Glaubenswissen, Glaubenserfahrung und Gemeinschaftserfahrung. Schematisch kann dies in Form eines gleichseitigen Dreiecks angedeutet werden:

Solch eine zunächst einmal recht übersichtliche Skizze verführt zu der Annahme, nachdem die einzelnen Eckpunkte fixiert und die Themen festgelegt wurden, könnte die Firmvorbereitung die Fixpunkte der Reihe nach abarbeiten. Doch darum geht es nicht. Denn was in der Skizze so eindeutig benannt ist, steht zum einen in permanenter Interaktion untereinander. Glaubenserfahrung wird im Rahmen der Katechese oft in Verbindung mit Gemeinschaftserfahrung spürbar werden. Und Glaubenswissen bleibt blutleer und arm, solange sich dahinter nicht eine nachvollziehbare Glaubenserfahrung nachvollziehen oder zumindest erahnen lässt. Das Ziel der Firmvorbereitung ist es, die verschiedenen Eckpunkte miteinander in eine lebendige (und damit diffus erscheinende) Verbindung zu bringen, um den Jugendlichen eine lebendige religiöse Dimension ihres Lebens zu vermitteln. Wo dies gelingt, kommt die Firmkatechese (oft unterwegs und unvermittelt) an ihr eigentliches Ziel: Es berühren sich Himmel und Erde.

Damit es im Rahmen der Firmvorbereitung zur solch einer lebendigen Begegnung mit Glaubenserfahrung, Glaubenswissen und Gemeinschaftserfahrung kommt, beinhaltet die Firmmappe zahlreiche thematisch orientierte Wegstrecken. Darüber hinaus enthält sie aber auch liturgische Elemente als Rastplätze der religiösen Erfahrung und Projektideen als Anregungen, wie die Jugendlichen auf eigenen Pfaden losziehen können und dabei die Kirche einmal aus einer anderen Perspektive erleben.

Etappenziel Glaubenserfahrung

Ein wesentlicher Ansatz dieser Firmkatechese besteht darin, den Jugendlichen zunächst einmal einen Zugang zu religiösen Erfahrungen zu ermöglichen. Denn Jugendliche haben heute immer noch „Neigung zur Suche nach dem ganz Anderen. Das ist noch nicht deckungsgleich mit einem christlichen Gottesglauben, aber in den meisten Fällen gibt es bei ihnen eine Sehnsucht nach dem Größeren und eine Fragehaltung, die auf Sinn und auf das ganz Andere zielt.“[43] Dieser religiösen Sehnsucht steht häufig ein religiöses Erfahrungsvakuum gegenüber.[44] Nachdem sich die religiösen Milieus weitestgehend aufgelöst haben und die lebensweltlichen Stützen abhanden gekommen sind, wachsen junge Menschen heute heran, denen schon grundlegende Voraussetzungen religiöser Erfahrung wie z.B. die Meditationsfähigkeit fehlen. Deshalb beinhalten viele katechetische Wegstrecken dieser Mappe meditative Einheiten. Der fehlenden liturgischen Praxis stellt sich in besonderer Weise das Buch „Jugendgottesdienste.“, welches für diesen Firmkurs zusammengestellt wurde und im Frühjahr 2002 erscheint. Zu jedem der fünf thematischen Wegstrecken werden hier Gottesdienstmodelle vorgeschlagen.
Bei diesen teilweise ungewöhnlichen liturgischen Formen (z.B. multimedialer Gang durch die Kirche) geht es ebenfalls darum, alternative Gottesdienstformen zu schaffen, um „Jugendliche, die eine große Offenheit für Musik, für Symbolik und ein gutes Gespür für Atmosphäre und Klima im Gottesdienst haben, auf andere Weise anzusprechen“.[47]

Wichtig sind die liturgischen Elemente im Rahmen der Firmvorbereitung auch, um Jugendliche mit der Symbol-, Gebets- und Gebärdensprache der Gemeinde zumindest in Ansätzen vertraut zu machen. Denn nur so wird für sie nachvollziehbar, welche religiöse Aussagekraft bzw. Dimension das liturgische Geschehen besitzt, dem sie im Gemeindegottesdienst (und spätestens in der Firmliturgie) begegnen werden. Darüber hinaus ist die Liturgie eine Möglichkeit, den Jugendlichen ein Gemeinschaftsgefühl zu vermitteln.[48] Diese Erfahrung von Gemeinschaft ist grundlegend, damit Jugendliche am Ende der Firmvorbereitung bewusst ein „Ja“ zu dieser Gemeinschaft sprechen können.[49]

Etappenziel Glaubensgemeinschaft

Glaubenserfahrung und Glaubenswissen sind beides unabdingbare Voraussetzungen, damit sich Jugendliche bewusst für die Glaubensgemeinschaft der Kirche entscheiden können. Dennoch scheinen die Vorzeichen für solch eine Zustimmung zur Kirche zunächst negativ zu sein. So ergab die IBM-Jugendstudie 1995, dass nur ein gutes Drittel der Jugendlichen die Arbeit der Kirche positiv beurteilen. Die meisten jungen Menschen stehen den Kirchen indifferent gegenüber oder lehnen sie ab. Und so bezeichnet die Studie die Haltung der Jugendlichen gegenüber der Kirche abschließend als „freundliches Desinteresse“.[49]

Was halten Sie persönlich von den Kirchen bzw. den Religionsgemeinschaften?

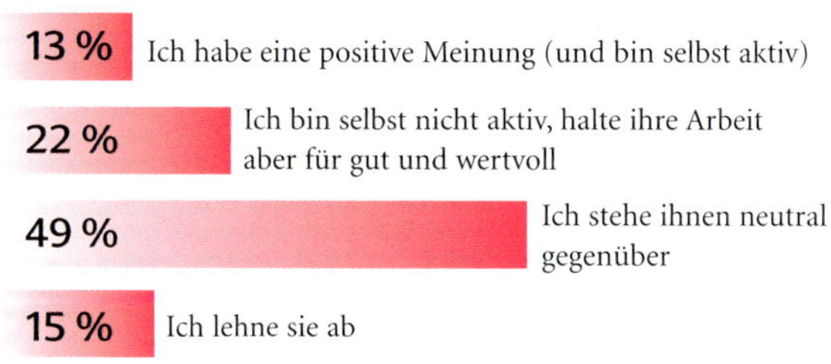

IBM-Jugendstudie 1995

Zu ähnlichen Ergebnissen kommen auch die Shell-Jugendstudien. Doch sie zeigen auch, dass die Aussagen, die sich auf die Kirche beziehen, in einem größeren gesellschaftlichen Kontext stehen. Schon die 1997 erschienene Shell-Studie ergab, dass Jugendliche sich generell von den großen Organisationen abkehren. Sie wenden sich angewidert von dem ab, was ihnen täglich in den Nachrichtensendungen als „große Politik“ verkauft wird, und misstrauen der in den Medien präsentierten Politik-Show. Auch die Kirchen sind vom Vertrauens- und Autoritätsverlust betroffen, den derzeit fast alle Großorganisationen beklagen. Doch im Vergleich mit anderen gesellschaftlichen Großorganisationen steht die Kirche noch relativ gut da. So stellt der neunte Jugendbericht der Bundesregierung (veröffentlicht 1994) fest: „Vergleicht man den Anteil der Jugendlichen, die in kirchlichen Gruppen engagiert sind (8% im gesamten Bundesgebiet), mit dem Anteil, den politische Parteien (1%), Gewerkschaften (3%), politisch aktive Gruppen (3%) oder Bürgerinitiativen an sich binden, dann erweist sich die Kirche als die Organisation, die zur Zeit auf das größte Reservoir an aktiven Jugendlichen zurückgreifen kann.“

Dieser Trend ist übrigens nicht nur in Deutschland zu beobachten, sondern zeigt sich ähnlich in vielen internationalen Studien. Doch die vielbeklagte Abkehr der Jugendlichen von Großorganisationen bedeutet nicht, dass sie generell desinteressiert sind oder dass die Bereitschaft zum Engagement fehlt. So zeigt die amerikanische Studie „Generation on the Crossroad", dass Jugendliche und junge Erwachsene sich zwar von der großen gesellschaftlichen Bühne abwenden, sich parallel dazu aber konkreten und lokalen Projekten widmen, sei es im Bereich der Umwelt, des Tierschutzes, der Verkehrspolitik oder im sozialen Bereich.[50] Dies bedeutet für die Jugendarbeit ebenso wie für eine zeitgemäße Firmkatechese, dass sie selbst projektorientiert konzipiert sein muss (dies ist in der Regel bereits der Fall) und zusätzlich projektorientierte Angebote schaffen sollte. Die Jugendlichen müssen Gelegenheit erhalten, sich über einen begrenzten Zeitraum hinweg in einer Gruppe mit einem Thema auseinander zu setzen, das ihnen am Herzen liegt.

Etappenziel Glaubenswissen

Das religiöse Wissen ist heute deutlich geringer geworden als in früheren Jahrzehnten. Dies hängt zum einen mit dem Bedeutungsverlust des explizit Religiösen in unserer Gesellschaft zusammen, zum anderen mit der damit einhergehenden Traditionskrise des Religiösen. Ein Verlust an abstraktem Glaubenswissen ist nicht identisch mit einem Verlust der religiösen Dimension in der Gesellschaft. Doch er ist einerseits das Resultat der Säkularisierung und andererseits Ursache weiteren Religionsverlustes. Denn Religion ist auf Kommunikation angewiesen. Und solange der Glaube nicht im Wissen verankert ist, entzieht er sich der Kommunikation.

Die deutlichsten Spuren vom fehlenden Glaubenswissen lassen sich in den neuen Bundesländern ausmachen, in denen die Christen in einer deutlichen Minderheitensituation leben. Dort hat es die Kirche besonders schwer, sich in der Gesellschaft zu artikulieren, nachdem über mehr als einer Generation hinweg der Glaube verschwiegen wurde und das Glaubenswissen verkümmern konnte.

Natürlich ist die Grundlegung bzw. Erweiterung des Glaubenswissens nicht das primäre Ziel einer Firmkatechese. Und es geht bestimmt nicht darum, im Rahmen der Firmvorbereitung Katechismuswahrheiten zu lehren. Doch müssen den Jugendlichen heute wie bei einer Erstevangelisierung grundlegende Zusammenhänge deutlich gemacht werden, damit sie überhaupt befähigt werden, über ihren Glauben zu reden und sich über den Glauben der Kirche ein Urteil zu bilden. Es wäre gegenüber den Jugendlichen unverantwortlich, auf solch eine positiv verstandene Glaubensunterweisung verzichten zu wollen. Angesichts des fehlenden Wissens würde man die Jugendlichen nicht zur begründeten Beurteilung befähigen, sondern in einem diffusen Chaos der Glaubensvermutungen zurücklassen.

Doch aus einer Aneinanderreihung von Fakten und Wissensbeständen ergibt sich keine Annäherung an das, was die Firmkatechese den Jugendlichen wirklich erschließen will: Die religiöse Dimension, die ihr ganzes Leben durchzieht und die aus dem Glauben heraus sinnvoll gedeutet werden kann. „Weder die Vermittlung substantieller Theologie allein (back to basics) noch die Unterlegung von lebenspraktischen Fragen mit religiös aufgeladenen Symbolen allein vermag Entscheidungen aus dem Glauben heraus zu stützen".[51]

Einzelne Pfade: Projektideen

Projektarbeit spielt in der Jugendarbeit eine immer größer werdende Rolle. Projektarbeit heißt:

- Über einen begrenzten Zeitraum
- arbeitet eine Gruppe
- an einem selbstgewählten Thema.

Diese Arbeitsform kommt der heutigen Ausgangslage von Jugendlichen und jungen Erwachsenen entgegen. Ein Projekt geht über einen begrenzten Zeitraum und erfordert keine Lebensentscheidung, sondern eine überschaubare Verpflichtung. Die Jugendlichen selbst suchen sich das Thema aus. Das fördert die Motivation zur Mitarbeit. Auch im Rahmen einer Firmvorbereitung sollten Projekte angeboten werden, die auf die Interessen der Jugendlichen (und die Möglichkeiten der Pfarrei vor Ort) eingehen. Einige Projektideen werden hier kurz skizziert, die sich in verschiedenen Gemeinden bewährt haben. Da die Rahmenbedingungen für die Projekte in jeder Gemeinde anders aussehen, werden sie nicht detaillierter dargestellt. Die folgenden Ideen sollen anregen, eigene Projekte zu entwickeln oder die vorgestellten Projektideen möglichst kreativ auf die Situation der eigenen Gemeinde zu übertragen.

Das Gemeindepraktikum

Die Jugendlichen werden eingeladen, in bestimmten Bereichen der Gemeinde über einen festgelegten Zeitraum mitzuarbeiten (Pfarrbücherei, Jugendchor, Altenheim, Kindergarten, Leiterrunde ...). Immer wieder treffen sich die Jugendlichen zu Reflexionsgesprächen entweder in einer größeren Gruppe oder aber in Einzelgesprächen mit dem Seelsorger bzw. den Katecheten.

Voraussetzungen:
Vor Ort muss es interessante Gruppen geben, die darüber hinaus für eine vorübergehende Zeit einen Mitarbeiter gebrauchen können. Zudem braucht es Seelsorger und Katecheten, die Zeit und Erfahrung in der Begleitung von Menschen mitbringen.

Chancen:
Durch ein gut begleitetes Gemeindepraktikum erleben Jugendliche ihre Gemeinde und die Kirche als kompetenten Wegbegleiter. Sie können ggf. sogar Hilfen zur anstehenden Berufswahl bekommen. Manchmal gelingt es, Jugendliche über das Gemeindepraktikum hinaus zur Mitarbeit in der Gemeinde zu gewinnen. Doch sollte dieser Aspekt nicht im Vordergrund des Praktikums stehen. Noch ein positiver Nebeneffekt eines solchen Angebotes: Durch die Suche nach geeigneten Praktikumsstellen muss sich eine Gemeinde mit der Frage auseinander setzen, wie offen und einladend sie für Jugendliche ist.

Cooler Gottesdienst

Eine Gruppe versucht, einen Gottesdienst so vorzubereiten, dass er Jugendliche anspricht. Musik, die Jugendliche hören, Texte, die Jugendlichen gefallen, Aktion und Ruhe, die Gestaltung ist ihnen frei überlassen. Zu diesem Gottesdienst werden nicht nur Jugendliche, sondern alle Gemeindemitglieder eingeladen. Anschließend sollte es Raum zur Diskussion geben.

Voraussetzungen:
Es braucht vor Ort eine Gemeinde, die auch Experimenten in ihren Kirchenräumen gegenüber offen ist. Je mehr Talente in der Gemeinde schlummern (Bandmitglieder, Musiker, Schauspieler ...), desto eher gelingt dieses Projekt. Es sollte einen gewissen Stamm an Jugendlichen geben, der diesem Projekt offen gegenübersteht.

Chancen:
Die Jugendlichen merken, wie schwer es ist, einen Gottesdienst zu gestalten, der ankommt. Die Jugendlichen klären für sich die Frage, was ist ein Gottesdienst, welche Elemente muss er beinhalten. Die Gemeinde bekommt die Möglichkeit, das Lebensgefühl von Jugendlichen und ihre Wünsche an eine lebendige Liturgie kennen zu lernen.

Brennpunkte der Gemeinde aufsuchen

In den meisten Gemeinden wird es Orte geben, an dem besonders deutlich spürbar ist, dass sich Menschen aus ihrem Glauben heraus für andere Menschen engagieren (Krankenhaus, Altenheim, Mädchenhaus, Schwangerenkonfliktberatung, Obdachlosenheime ...). Die Projektgruppe besucht einen oder mehrere solcher Brennpunkte. Sie bereitet diese Besuche vor und reflektiert anschließend, was sie in den Brennpunkten erlebt hat.

Voraussetzungen:
Der Kontakt zu sozialen Einrichtungen muss erstellt werden. In der Regel freuen sich diese Institutionen darüber, dass sie von der Kirchengemeinde wahrgenommen werden und sind gerne bereit zu einem Gespräch mit Jugendlichen.

Chancen:
Die Jugendlichen bekommen einen Einblick in die caritative Arbeit ihrer Gemeinde. Sie verlieren die Scheu und Berührungsängste vor marginalisierten Personengruppen und Problemen. Sie lernen zugleich Ansprechpartner kennen, die sie ggf. bei bestimmten Problemen ansprechen können

Solidaritätsmarsch

Bei einem Solidaritätsmarsch geht es darum, für einen guten Zweck auf ungewöhnliche Art und Weise Geld zu sammeln. Die Teilnehmer werben Spender, die ihnen für jeden gelaufenen Kilometer einen bestimmten Geldbetrag bezahlen. Dabei erklären sie anderen Menschen den Ablauf des Solidaritätsmarsches und informieren über das Projekt, für das sie Geld sammeln. Die Teilnehmer gehen (oder laufen) eine vorgegebene Stecke ab. Ihnen wird auf vorbereiteten Formularen bestätigt, dass sie am Solidaritätsmarsch teilgenommen haben. Nach dem Marsch suchen die Teilnehmer ihre Sponsoren auf, die ihnen nun den vereinbarten Betrag als Spende (für Projekt in der so genannten Dritten Welt, Jugendkasse, Caritaskasse der Gemeinde ...) zur Verfügung stellen.

Voraussetzungen:
Ein recht aufwendiges Projekt, für das mindestens 10 Personen im Organisationsteam benötigt werden. Möglichst viele Teilnehmer sollten sich auf den Weg machen, damit der Aufwand sich lohnt und ein finanzieller Erfolg sichtbar wird. Von der Organisation her ist der Marsch recht einfach durchzuführen. Zunächst wird ein Weg festgelegt, der möglichst wenig Verkehr aufweist. Auf diesem Weg werden mehrere Stationen vorbereitet, die sich inhaltlich mit dem Solidaritätsprojekt beschäftigen. Je nach örtlicher Gegebenheit muss der Marsch bei der Polizei angemeldet werden.

Chancen:
Die Jugendlichen erleben, dass sie mit ihrem konkreten Einsatz etwas bewirken können. Politisches Handeln ist möglich. Dieses Projekt kann auf großes Interesse in der Öffentlichkeit stoßen, wenn die örtlichen Medien eingeladen werden. Jugendliche erleben, dass Glaube und tätige Nächstenliebe eng zusammengehören.

Fotoausstellung

Eine Gruppe Jugendlicher versucht, Bilder aus der Gemeinde zu einem bestimmten Thema („Ausländer in unserer Gemeinde“, „Hier weht Gottes Geist“, „Armut - Reichtum“ ...) zu fotografieren, die anschließend in einer Ausstellung in der Kirche oder im Gemeindezentrum (im Rahmen einer Vernissage) präsentiert werden.

Voraussetzungen:
Schon mit wenig Aufwand lässt sich solch eine Ausstellung auf die Beine stellen. Schon mit einfachen Fotoapparaten lassen sich durchaus passable Ergebnisse erzielen.

Chancen:
Die Jugendlichen (und auch die Gemeinde) werden für ein bestimmtes Thema sensibilisiert. Bei einer etwaigen Fotoausstellung kann ein Austausch zwischen Jugendlichen und Erwachsenen angeregt werden (In einer Vernissage Raum zur Diskussion geben, ein Buch auslegen, in das die Ausstellungsbesucher ihre Eindrücke schreiben können ...). Je nach Thema und Ergebnis sollten die Lokalmedien auf die Ausstellung aufmerksam gemacht werden (Pressemitteilung an Zeitung und Lokalradio ...).

Drehen eines Videofilms

Gute Videokameras gibt es in immer mehr Haushalten, und auch Schneidegeräte sind in einer Gemeinde oft verfügbar. Mit einer einfachen Videoausrüstung können die Jugendlichen zu Drehbuchautoren und Filmproduzenten werden. Spannend kann es z.B. sein, Bibelstellen als Film umzusetzen oder Straßenbefragungen zu einem bestimmten Thema durchzuführen („Glauben Sie an Gott?“, „Was halten sie von Jesus?“ ...). Manche gemeindebezogenen Themen bieten sich vielerorts an: Das (fehlende) Freizeitangebot für Jugendliche, Gewalt an der örtlichen Schule, Ausbildungssituation ...

Voraussetzungen:
Es ist gut, wenn die Projektgruppe über einen längeren Zeitraum intensiv zusammenarbeiten kann. Ideal ist es, wenn die Gruppe für ein Wochenende oder vielleicht sogar eine ganze Woche wegfährt, um den Film zu drehen und ggf. zu schneiden.

Chancen:
Die Jugendlichen werden bei diesem Projekt herausgefordert, sich mit einem bestimmten Thema auseinander zu setzen. Sie bringen dazu verschiedene Fähigkeiten mit ein, die sie vielleicht vorher noch nicht an sich entdeckt haben (Schauspieltalent, Kameraführung ...). Sie erleben, dass es Spaß machen kann, sich mit seinem Glauben auseinander zu setzen.

Produzieren einer Radiosendung

Im Lokalfunk können Bürgergruppen eine selbst produzierte Radiosendung ausstrahlen lassen. Das ist viel einfacher, als es zunächst scheint. Warum also nicht mit einer Gruppe Jugendlicher einen Radiobeitrag produzieren? In vielen Bistümern gibt es Referenten, die nötige Kontakte herstellen und die technische Hilfe geben. An interessanten Themen mangelt es den Jugendlichen in der Regel nicht: Ein Portrait der Gemeinde. Welche Menschen arbeiten in der Gemeinde? Wer trifft sich hier? Interview mit Vertreterinnen und Vertretern der kirchlichen Gremien ... Oder die Jugendlichen entscheiden sich für ein lokales politisches Thema (Die Umgehungsstraße durchs Naturschutzgebiet, Gewalt an der örtlichen Schule, Situation der Spielplätze im Viertel, Armut im Viertel/Ort ...). Interessant ist es auch, Menschen vorzustellen, die eine besondere Ausstrahlung besitzen: Die Frau, die schon seit Jahren die Kleiderkammer betreut; der Vater, der den Kinder- und Jugendchor leitet; das Team der Pfarrbücherei; die Ordensschwestern des Altenheims ... ...

Voraussetzungen:
Eine Einführung in das Radio-Know-How bieten viele Mitarbeiter regionaler Bildungswerke an. Das technische Material (Aufnahmegeräte und Schneidemaschine) lässt sich meist bei ihnen ausleihen. Da die Radioarbeit in den einzelnen Diözesen unterschiedlich gefördert wird, sollten sich interessierte Katecheten in den Ordinariaten informieren, welche Hilfestellungen von entsprechenden Abteilungen angeboten werden.

Chancen:
Durch das Medium „Radio" wird die Motivation der Jugendlichen gefördert, sich mit einem Thema auseinander zu setzen. Dieses Projekt kann für eine Pfarrei besonders interessant sein, da die Gemeinde so ihre eigenen Grenzen sprengt und im Lokalfunk Menschen erreicht, zu denen der Kontakt längst abgebrochen ist. Jugendliche nähern sich Themen oft sehr unbefangen und bringen so vielfach auch für die Gemeinde überraschende Aspekte mit ein. Den Jugendlichen wird ein Stück Medienkompetenz vermittelt. Sie erfahren, welche Möglichkeiten das Medium Radio bietet.

Gestalten einer Homepage

Das Internet übt auf Jugendliche eine enorme Faszination aus und lässt sich kreativ nutzen. Warum also nicht mit einer Firmgruppe eine Homepage gestalten? Je nach Situation vor Ort kann es Ziel eines solchen Projektes sein, erstmals eine Homepage für die Gemeinde zu erstellen und so die Gemeinde im Internet zu präsentieren. Oder die Jugendlichen bauen eine bestehende Homepage weiter aus und achten darauf, dass sie mit „ihren Themen" auf der Homepage vorkommen.

Voraussetzungen:
An diesem Projekt sollte eine Person federführend beteiligt sein, die mit dem Medium „Internet" vertraut ist. Oft sind Jugendliche selbst Vorreiter auf diesem Gebiet. Im Idealfall besitzt die Gemeinde bereits einen oder mehrere Computer. Ansonsten muss überlegt werden, wie ein Computer für das Projekt bereitgestellt werden kann. Zudem muss ein Internetzugang vorhanden sein (Modem bzw. ISDN-Karte und Telefonanschluss). Oft sind die Internet-by-Call-Angebote für solch ein Projekt besonders günstig. Da sich der Markt schnell ändert, können an dieser Stelle keine aktuellen Empfehlungen gegeben werden. Es empfiehlt sich, die Werbeseiten einschlägiger Computerzeitschriften oder die Infoseiten im Internet zu studieren. Speicherplatz im Internet bekommt man inzwischen von vielen Anbietern umsonst, muss allerdings dafür Werbung in Kauf nehmen. In manchen Bistümern unterstützt das Bistum Gemeinden bei der Erstellung von Homepages. Manchmal wird auch Speicherplatz von den Ordinariaten für Gemeinden zur Verfügung gestellt. Sinnvoll ist auch hier, Kontakt mit dem Ordinariat aufzunehmen.

Chancen:
Wer eine Homepage gestaltet, muss sich mit der Frage auseinander setzen, was präsentiert werden soll. So entstehen spannende Diskussionen darüber, was für die Jugendlichen in der Gemeinde wirklich wichtig ist. Die Jugendlichen erleben bei diesem Projekt, dass die Kirche die modernen Kommunikationsmittel nutzt. Zudem wird ihnen Medienkompetenz vermittelt. Mit solch einem Projekt wird gleichzeitig Öffentlichkeitsarbeit betrieben. Ohne große Probleme lassen sich Teile der Homepage auch für den örtlichen Pfarrbrief oder für einen Zeitungsbericht verwenden. Übrigens: Aus einer solchen Firmgruppe kann leicht eine Computergruppe werden, die auch nach der Firmung die Betreuung der Pfarr-Homepage gewährleistet.

Aufeinander zugehen

Die Projektideen zielen darauf hin, dass die Jugendlichen in der Projektgruppe - wie auch schon in der Firmgruppe - Gemeinschaft erleben. In dieser Gemeinschaft realisiert sich schon Kirche, denn fast jede Gemeinde ist heute in ihrer Gesamtheit relativ unübersichtlich und setzt sich aus überschaubaren kleineren Gemeinschaften (Jugendgruppen, Frauenverbände, Familienkreise ...) zusammen. Besondere Bedeutung kommt in diesem Zusammenhang dem Gemeindepraktikum zu, denn es ermöglicht den Jugendlichen über einen längeren Zeitraum hinweg einen intensiven Kontakt mit Menschen, die sich gerne in der Kirche engagieren.

Vor der Firmung ein Gemeindepraktikum

Mit einem intensiven Gemeindepraktikum begann zuletzt in der Domgemeinde Minden eine Firmvorbereitung. Über die positiven Erfahrungen schreibt Domvikar Christof Gärtner in den Katechetischen Blättern. Unter anderem schildert er, wie die Gemeinde bei der Auswahl der Praktikumsstellen vorgegangen ist.

Bei der Auswahl der Praktikumsstellen wird versucht, die vermeintlich „beste" Stelle für jede und jeden herauszufinden und zu ermöglichen. Das bedeutet, dass nicht unbedingt die spontan beliebteste oder die mit dem geringsten Zeitaufwand verbundene Stelle ausgesucht und zugesagt wird, sondern jene, welche für die und den Einzelne/n das persönlich größte Wachstumspotential birgt. Die Auswahlfragen lauten dementsprechend: Wo kann ich für mich die meisten / interessantesten / besten Erfahrungen machen? Wo kann ich am meisten für mich und mein Leben lernen? Was wollte ich immer schon einmal ausprobieren?

Geeignete Praktikumstellen zu finden, zumal in größerer Zahl, stellt einen erheblichen organisatorischen Aufwand dar. Zu finden sind neben den generellen Einsatzmöglichkeiten die Kontaktpersonen von Seiten der jeweiligen Einrichtung oder Gruppe sowie z.T. Ansprechpartner, die in engerem Kontakt zur Gemeinde stehen, um hier eine Rückkoppelung zu ermöglichen. Weiterhin müssen mit jeder Einsatzstelle organisatorische Absprachen getroffen werden:

Begleitung durch die Einrichtung, Anwesenheitskontrolle (Listen), Ferienregelungen, Einsatzdauer u.v.a.m.

In unserer Gemeindesituation konnten die folgenden Praktikumsstellen gefunden und vermittelt werden:

- **Teilnahme an „Frühschicht" oder Bibelkreis (6)**
- **Mitmachen in einer Jugend- oder Messdienergruppe (3)**
- **Mitsingen in Jugendband oder Kirchenchor (2)**
- **Mitarbeit in der Altentagesstätte (3)**
- **häusliche Altenbetreuung (2)**
- **Mitarbeit in einem der fünf von der Gemeinde betreuten Altenheime (14)**
- **Mitarbeit auf einer Station im Krankenhaus in Zusammenarbeit mit der Klinikseelsorge (6)**
- **Mitarbeit im Kindergarten (3)**
- **Hausaufgabenbetreuung bei ausländischen Kindern (2)**
- **Mithilfe bei Küster und Hausmeister (3)**

Als weitere Möglichkeiten wären denkbar gewesen: Pfarrbücherei, Jugendliturgiekreis, Eine-Welt-Kreis, Caritasarbeit, Pfarrbüro. Wird der individuelle Einsatzort gemeinsam gesucht, wird sich für jede und jeden ein geeigneter Platz finden lassen.[52]

Ein Praktikum und andere Projekte bieten vielfältige Berührungspunkte mit der eigenen Gemeinde. Stets werden die Jugendlichen die Kirche vor Ort mit ihren Stärken ebenso wie mit ihren Schwächen erleben. Dies wird im Alter der Jugendlichen ein lebhaftes Echo hervorrufen, denn die kritische Hinterfragung von Autorität und Institution wird auch vor der Kirche nicht halt machen. Junge Menschen beobachten sehr genau, wie Botschaft und Leben übereinstimmen, und Negativeindrücke werden besonders hoch bewertet[53]. Um so wichtiger ist es, dass sich eine Gemeinde von den Jugendlichen herausfordern lässt. Sie muss sich fragen lassen, „ob sie wirklich das anschaulich und erfahrbar macht, was Gegenstand der Firmkatechese ist. Welches Bild bietet die sonntägliche Gottesdienstgemeinde, wie gestaltet sich im Alltag das Zusammenleben der Pfarrangehörigen, wie verläuft die Kommunikation zwischen den verschiedenen Gruppen und Verbänden? Gehen von der Gemeinde missionarische und diakonische Impulse aus? Fühlen die Gemeindemitglieder sich für die sozialen Brennpunkte in ihrem Lebensraum verantwortlich? Ja, nimmt die Gemeinde überhaupt die Teilnehmer am Firmkurs wahr, interessiert sie sich für sie? Alle noch so gut gemeinten Bemühungen, junge Menschen mit dem befreienden Leben des christlichen Glaubens vertraut zu machen, laufen ins Leere, wenn die Firmbegleiter sie nicht auf diese gemeindliche Erfahrung für das Wirken des Heiligen Geistes verweisen können".[54] Gemeinden, die sich im Rahmen der Firmkatechese nicht ihrer Verantwortung für die jungen Menschen bewusst werden, fordern nicht nur von den Jugendlichen eine einseitige Beziehungsfähigkeit, sondern signalisieren ihrerseits, dass die Kirche beziehungsunfähig ist.

Wenn die Jugendlichen erleben dürfen, dass eine Gemeinde sich diesen Anfragen stellt, gewinnt die Kirche in ihren Augen an Glaubwürdigkeit und wird zu einem Ort, der ihnen - zumindest vorübergehend - zur religiösen Heimat werden kann.

Wegweiser zur Elternarbeit

Vermissen wird vielleicht mancher Katechet in diesem Firmkurs ein ausführliches Kapitel zum Thema „Elternarbeit". Bewusst wurde jedoch darauf verzichtet, in diesem Firmkurs einen besonderen Akzent auf diesen pastoralen Bereich zu setzen. Damit soll betont werden, dass eine Firmvorbereitung direkt mit den Jugendlichen kommunizieren muss und nicht der scheinbar so verlockenden Verführung erliegen darf, sich an die Eltern zu wenden, um bei den Jugendlichen etwas zu bewirken. Dieser Weg würde in die Sackgasse führen, wie bereits zu sehen war:

Die Wegweiser der Jugendsoziologie haben gezeigt, dass der religiöse Tradierungsprozess in den Familien zum Stillstand geraten ist. Die Eltern fühlen sich überfordert, mit ihren Kindern über religiöse Themen zu sprechen[55]. Zeitgleich geben die Jugendlichen in der Shell-Jugendstudie 2000 an, nur sehr ungern über die Religion zu sprechen.[56] Wie zwei Puzzlestücke passen diese Befindlichkeiten zusammen: Die einen fühlen sich mit der Thematik überfordert, die anderen sprechen ungern darüber. Und schon wird die Religion ausgeschwiegen.

Angesichts dieser Situation scheinen die Familien keine stabilen Säulen einer gelingenden Katechese. Dem entgegnen Theologen und Religionspädagogen zwar mit Recht, dass man die Familien als religiösen Lernort nicht aus der Pflicht entlassen darf. Schon in den 70er Jahren haben verschiedene Synodenbeschlüsse (u.a. Der Religionsunterricht in der Schule, Schwerpunkte heutiger Sakramentenpastoral) gefordert, die religiöse Erziehung in den Familien nicht zu vernachlässigen. Dies impliziert jedoch die Forderung an neue Konzepte in der Familienkatechese. Solange eine Sakramentenkatechese in den Familien aber auf keinen geeigneten Nährboden trifft, wird ihr zunächst nichts anderes übrig bleiben, als selbst den Kommunikationsprozess mit den jungen Menschen aufzunehmen. Sie stehen im Mittelpunkt der Firmkatechese.

Dennoch wird eine Firmvorbereitung nicht übersehen dürfen, die Eltern in geeigneter Form einzubeziehen. Neben den Treffen, bei denen organisatorische Absprachen getroffen werden, können auch Angebote gemacht werden, damit sich die Eltern anlässlich der Firmung ihrer Kinder mit ihrem Verhältnis zur Firmung und zu ihrem eigenen Glauben auseinander setzen. Auch für solche Elterneinheiten sind einzelne Wegstrecken in diesem Firmkurs geeignet. Wichtig ist jedoch, dass neben den methodisch ausgearbeiteten Einheiten genug Gesprächszeit bleibt, in der die Eltern mit ihren eigenen Fragen vorkommen können. Für ein realistisches Firmkonzept muss jedoch zur Kenntnis genommen werden, dass die Eltern bei religiösen Themen als Gesprächspartner ihrer Kinder meist ausfallen.

Deshalb wendet sich ein Firmkurs zunächst und entschieden an die Jugendlichen. Ihnen gilt bei der Wegbegleitung im Rahmen der Firmvorbereitung die Aufmerksamkeit der Katecheten. Mit ihrem Leben und ihren Träumen sollen die jungen Menschen auf dem Weg der Firmvorbereitung erleben dürfen, dass sie in der Kirche eine neue Heimat finden können.

1) Vgl. Werner Tzscheetzsch, Kein Konsens über die Jugendarbeit; Herder Korrespondenz 7/1997. Verlag Herder, Freiburg 1997, S. 345.
2) Jugend 2000. 13. Shell-Jugendstudie. Leske + Budrich, Opladen 2000, S. 157-180.
3) Vgl. Jugend 2000. 13. Shell-Jugendstudie. Leske + Budrich, Opladen 2000, S. 161.
4) Jugend 2000. 13. Shell-Jugendstudie. Leske + Budrich, Opladen 2000, S. 160.
5) Vgl. Bernd Jochen Hilberath / Matthias Scharer, Firmung - Wider den feierlichen Kirchenaustritt. Matthias-Grünewald-Verlag, Mainz und Tyrolia Verlag, Innsbruck-Wien 1998, S. 23.
6) Vgl. Carsten Wippermann, Religion, Identität und Lebensführung. Typische Konfiguration in der fortgeschrittenen Moderne. Leske + Budrich, Opladen 1998.
7) Jugend 2000. 13. Shell-Jugendstudie. Leske + Budrich, Opladen 2000, S. 162.
8) Jugend 2000. 13. Shell-Jugendstudie. Leske + Budrich, Opladen 2000, S. 162.
9) Vgl. Hermann Steinkamp, Begleitung Jugendlicher bei ihrer Suche nach Spiritualität; in: Katechetische Blätter 121 (1996), Kösel Verlag, München S. 42.
10) Franz Xaver Kaufmann, Wie überlebt das Christentum. Verlag Herder, Freiburg 2000, S. 85.
11) Vgl. Franz Xaver Kaufmann, Wie überlebt das Christentum. Verlag Herder, Freiburg 2000, S. 98.
12) Michael N. Ebertz, Kirche im Gegenwind. Zum Umbruch der religiösen Landschaft. Verlag Herder, Freiburg 1997, S. 56.
13) Stefan Schiel, Die Firmentscheidung. Ergebnisse einer empirischen Studie; in: Pastoralblatt für die Diözesen Aachen, Berlin, Essen, Hamburg, Hildesheim, Köln, Osnabrück 5/1989, Bachem Verlag, Köln 1999, S. 8.
14) Vgl. Franz Xaver Kaufmann, Wie überlebt das Christentum. Verlag Herder, Freiburg 2000, S. 91.
15) Wichtige Aspekte zur entwicklungspsychologischen Entwicklung im Jugendalter verdanke ich Niels Hoffmann, Mainz, der sich intensiv mit diesem Thema auseinander gesetzt hat.
16) Repräsentative Umfrage von psydata Institut für Marktanalysen, Sozial- und Mediaforschung Frankfurt/Main im Auftrag des Stern. Veröffentlicht wurden die Ergebnisse u.a. in: Peter Sandmeyer, Coole Sehnsucht nach Geborgenheit. Stern 52/99, S. 18.
17) Vgl. Franz-Josef Bode, Jugendkulturen ernster nehmen; in: Herder Korrespondenz 12/1999. Verlag Herder, Freiburg 1999, S. 614.
18) Werner Tzscheetzsch, Kein Konsens über die Jugendarbeit; in: Herder Korrespondenz 7/1997. Verlag Herder, Freiburg 1997, S. 348.
19) Werner Tzscheetzsch, Kein Konsens über die Jugendarbeit; in: Herder Korrespondenz 7/1997. Verlag Herder, Freiburg 1997, S. 347.
20) Werner Tzscheetzsch, Kein Konsens über die Jugendarbeit; in: Herder Korrespondenz 7/1997. Verlag Herder, Freiburg 1997, S. 349.
21) Vgl. Stefan Schiel, Die Firmentscheidung. Ergebnisse einer empirischen Studie; in: Pastoralblatt für die Diözesen Aachen, Berlin, Essen, Hamburg, Hildesheim, Köln, Osnabrück 5/1989, Bachem Verlag, Köln 1999, S. 12
22) Vgl. Norbert Mette, Individualisierung und kirchliche Jugendarbeit. Thesen zur Diskussion; in: Katechetische Blätter 121 (1996), Kösel Verlag, München S. 15.
23) Vgl. Gabriele Miller, Damit das Brot nicht im Halse stecken bleibt. Die Emmausszene als Pastoralmodell gelesen; in: Katechetische Blätter 123 (1998) S. 250f.
24) Franz-Josef Nocke, Sakramenten-Theologie. Ein Handbuch. Patmos Verlag, Düsseldorf 1997, S. 35.
25) Vgl. Susanne Heine, Nicht Gott retten, sondern die Menschen. Vierzehn Thesen zu einem Perspektivenwechsel; in: Publik Forum 7/2000, S. 46ff.
26) Vgl. Franz-Josef Bode, Jugendkulturen ernster nehmen; in: Herder Korrespondenz 12/1999. Verlag Herder, Freiburg 1999, S. 614. Robert Bleistein SJ schließt sich dieser Forderung an, wenn er eine Umorientierung von der „Option für die Jugend“ hin zur „Option mit der Jugend“ spricht.
27) Vgl. Bernd Jochen Hilberath / Matthias Scharer, Firmung - Wider den feierlichen Kirchenaustritt. Matthias-Grünewald-Verlag, Mainz und Tyrolia Verlag, Innsbruck-Wien 1998, S. 23.
28) Vgl. Norbert Mette, Individualisierung und kirchliche Jugendarbeit. Thesen zur Diskussion; in: Katechetische Blätter 121 (1996), Kösel Verlag, München S. 16.
29) Paul Wehrle, Firmpastoral. Ein exemplarisches Lernfeld; in: Lebendige Seelsorge 2-3/1997, S. 107.
30) Vgl. Bernhard Grom, Gottesvergiftung oder Gottestherapie?; in: Psychologie heute 6/1996, S. 26.
31) Bernd Jochen Hilberath / Matthias Scharer, Firmung - Wider den feierlichen Kirchenaustritt. Matthias-Grünewald-Verlag, Mainz und Tyrolia Verlag, Innsbruck-Wien 1998, S. 66.
32) Joachim Windolph, Eine gottlose Firmung? Nachdenkliches zur empirischen Studie von Stefan Schiel; in: Pastoralblatt für die Diözesen Aachen, Berlin, Essen, Hamburg, Hildesheim, Köln, Osnabrück 5/1989, Bachem Verlag, Köln 1999, S. 17
33) Zitiert nach F. Schmid, Grundlagentexte zur kath. Jugendarbeit. Verlag Herder, Freiburg 1986, S. 246.
34) Karl Rahner, Frömmigkeit früher und heute; in: ders.: Schriften zur Theologie. Bd. 7, Einsiedeln und Zürich 1971, S. 22.
35) Hermann Steinkamp, Begleitung Jugendlicher bei ihrer Suche nach Spiritualität; in: Katechetische Blätter 121 (1996), Kösel Verlag, München S. 39ff.
36) Franz-Josef Bode, Jugendkulturen ernster nehmen; in: Herder Korrespondenz 12/1999. Verlag Herder, Freiburg 1999, S. 613.
37) Vgl. Martin Moser, Den Heiligen Geist suchen und erleben - Konzept einer Firmmappe; in: Lebendige Seelsorge 2-3/1997, S. 107.
38) Franz Xaver Kaufmann, Wie überlebt das Christentum. Verlag Herder, Freiburg 2000, S. 109.
39) Vgl. Norbert Mette, Individualisierung und kirchliche Jugendarbeit. Thesen zur Diskussion; in: Katechetische Blätter 121 (1996), Kösel Verlag, München S. 16. Dazu ebenfalls Bernd Jochen Hilberath / Matthias Scharer, Firmung - Wider den feierlichen Kirchenaustritt. Matthias-Grünewald-Verlag, Mainz und Tyrolia Verlag, Innsbruck-Wien 1998, S. 111.
40) Rudolf Englert, Individualisierung und Religionsunterricht. Analysen, Ansatz, Option; in: Katechetische Blätter 121 (1996), Kösel Verlag, München S. 19.
41) Dieter Emeis, Individualisierte Religiosität Jugendlicher und Gemeindekatechese; in: Katechetische Blätter 121 (1996), Kösel Verlag, München S. 27f.
42) Vgl. Dieter Emeis, Individualisierte Religiosität Jugendlicher und Gemeindekatechese; in: Katechetische Blätter 121 (1996), Kösel Verlag, München S. 30.
43) Franz-Josef Bode, Jugendkulturen ernster nehmen; in: Herder Korrespondenz 12/1999. Verlag Herder, Freiburg 1999, S. 611.
44) Vgl. Franz Xaver Kaufmann, Wie überlebt das Christentum. Verlag Herder, Freiburg 2000, S. 135.
45) Vgl. Klaus Vellguth, Im Osten geht die Sonne auf; in: Glaube befreit. Missio, Aachen 2000, S. 6ff.
46) Johann Baptist Metz / Franz Xaver Kaufmann, Zukunftsfähig? Verlag Herder, Freiburg 19xx, S. xx.
47) Franz-Josef Bode, Jugendkulturen ernster nehmen; in: Herder Korrespondenz 12/1999. Verlag Herder, Freiburg 1999, S. 611.
48) Franz-Josef Bode, Jugendkulturen ernster nehmen; in: Herder Korrespondenz 12/1999. Verlag Herder, Freiburg 1999, S. 612.
49) „Wir sind O.K.!“ Stimmungen, Einstellungen, Orientierungen der Jugend in den 90er Jahren. Die IBM-Jugendstudie. Bund-Verlag, Köln 1995, S. 123.
50) Vgl. Reinhard Kahl, Auf dem Sprung. Jugendliche zwischen Abkehr von der Politik und Aufbruch zu neuem Engagement; in: Pädagogik 7-8/1997, S. 68.
51) Dietlind Fischer, Albrecht Schöll, Glauben Jugendliche anders? Zur Bedeutung von Religion in der Lebenspraxis Jugendlicher; in: Katechetische Blätter 121 (1996), Kösel Verlag, München S. 13f.
52) Christof Gärtner; in: Katechetische Blätter /1998. Kösel Verlag, München S. 246f.
53) Vgl. Bernd Jochen Hilberath / Matthias Scharer, Firmung - Wider den feierlichen Kirchenaustritt. Matthias-Grünewald-Verlag, Mainz und Tyrolia Verlag, Innsbruck-Wien 1998, S. 42.
54) Ralph Sauer, Die Firmung - ein Passageritus; in: Pastoralblatt für die Diözesen Aachen, Berlin, Essen, Hamburg, Hildesheim, Köln, Osnabrück 5/1989, Bachem Verlag, Köln 1999, S. 138.
55) Vgl. Bernd Jochen Hilberath / Matthias Scharer, Firmung – Wider den feierlichen Kirchenaustritt. Matthias-Grünewald-Verlag, Mainz und Tyrolia Verlag, Innsbruck-Wien 1998, S. 23.
56) Vgl. Jugend 2000. 13. Shell-Jugendstudie. Leske + Budrich, Opladen 2000.

Quellenverzeichnis

S. 14 Widerstand und Ergebung, Dietrich Bonhoeffer
© Chr. Kaiser / Gütersloher Verlagshaus, Gütersloh
S. 14 Einsam bist du klein, Musik: Peter Janssens
Text: Friedrich Karl Barth, Peter Horst
© alle Rechte im Peter Janssens Musik Verlag, Telgte-Westfalen
S. 30 Wenn ich nur noch einen Tag zu leben hätte, Basis
Musik: Thomas Brötzmann, Text: Vera Holthaus
© 1997 by „Seegang" Publishing, Hamburg
S. 34 Ein zweites Mal, Gertrude Wilkinson
S. 37 Worauf sollen wir hören, aus: Gotteslob, Anhang für das Erzbistum Freiburg, Musik: Peter Kempin, Text: Lothar Zenetti
© Verlag Herder, Freiburg
S. 44 Stufen, Hermann Hesse, aus: Gesammelte Dichtungen, Band 1
© Suhrkamp Verlag Frankfurt am Main 1952
S. 51 Mama, Brings
Text: Peter Brings, Stefan Brings
© Musikedition Chlodwig, Köln
S. 55 Was es ist, Erich Fried, aus: Es ist was es ist Liebesgedichte Angstgedichte Zorngedichte
© Wagenbach Verlag 1983, NA 1996
S. 56 Nicht von dieser Welt, Xavier Naidoo
Musik und Text: Richard Geppert / Xavier Naidoo
© 3p Songs Musikverlag GmbH/Universal Music Publishing GmbH
alle Rechte für die Welt: Universal Music Publishing GmbH
S. 69 One of us, Joan Osborne
Text: Eric Bazilian
© Human Boy Music / Dub Notes (Music)
Edition Intro Meisel GmbH, Berlin
S. 72 Gott ist anders, Leo Tolstoi
aus: Klaus Vellguth, Gott sei Dank bin ich Atheist
© Verlag Ernst Kaufmann, Lahr
S. 76 Neunundzwanzig Namen für Jesus von Nazareth, Huub Oosterhuis
© Verlag Herder, Freiburg
S. 79 Lebensbeschreibung, Peter Handke, aus: Prosa, Gedichte, Theaterstücke
© Suhrkamp Verlag Frankfurt am Main 1969
S. 90 Seine Straßen, Xavier Naidoo
Musik und Text: Moses Pelham, Martin Haas / Xavier Naidoo
© 3p Songs Musikverlag GmbH/Universal Music Publishing GmbH
alle Rechte für die Welt: Universal Music Publishing GmbH
S. 96 Jesus, Marius Müller-Westernhagen
Text und Musik: Marius Müller-Westernhagen
© More Music Musikverlag GmbH/
Edition 97 der KICK Publishing GmbH
S. 100 Elfer, aus: Stefan Herok, Agnes Molzberger-Stich (Hg.), Stimmen der Sehnsucht. AusLeseBuch des 20. Jahrhunderts
© Deutscher Katecheten-Verein e.V., München 2000
S. 106 ... und es blieb alles beim Alten, aus: Pfingsten – ein Funke der überspringt. Materialien, Tipps, Informationen
© Katholische Jugendzentrale Trier
S. 119 Der Narr Gottes, Fillipo Neri, aus: W. Christmann, Exemplarische Christen, Materialdienst 1-90
© Verlag Beate Christmann, Ilsede
S. 120 Die meditierende Emanze, Teresa von Avila, aus: W. Christmann, Exemplarische Christen, Materialdienst 1-90
© Verlag Beate Christmann, Ilsede
S. 121 Die Stimme der Gerechtigkeit, Oscar Arnulfo Romero aus: W. Christmann, Exemplarische Christen, Materialdienst 1-90
© Verlag Beate Christmann, Ilsede
S. 134 Herr, erwecke deine Kirche, aus: LP Menschenleben
Text: Gebet eines chinesischen Christen, Musik: Chris Herbring
© Chris Herbring Musik, Neuss
S. 164 Das will ich sehen, Sabrina Setlur
Musik und Text: Moses Pelham, Martin Haas / Setlur
© 3p Songs Musikverlag GmbH/Universal Music Publishing GmbH
alle Rechte für die Welt: Universal Music Publishing GmbH
S. 174 Das wünsch ich sehr, Text: Kurt Rose, Musik: Detlev Jöcker, aus: Viele kleine Leute
© alle Rechte im Menschenkinder Verlag, 48157 Münster

Bildnachweis

Titel Bavaria Bildagentur
S. 29 Bavaria Bildagentur, weitere Bilder Fontshop Berlin
S. 47 Dietrich Dorenbeck: Die Männer und die Kirche
© Dietrich Dorenbeck, Düsseldorf
S. 66 Ernst Barlach: Der erste Tag, Holzschnitt 1922
© Ernst Barlach Nachlassvertretung GmbH, Hamburg
S. 83 Leonardo da Vinci: Das letzte Abendmahl („Cenacolo Vinciano") im Refektorium der Kirche Santa Maria delle Grazie, Mailand, ca. 1495 bis 1497/1498, in Öl und Tempera auf Mauerwerk, Harz und Pech als Grundierung. Das Bild ist 9,04 Meter lang und 4,22 Meter hoch.
S. 93 oben links: Roland Peter Litzenburger: Christus vor Pilatus, 1955, Feder und Tusche, © Gretel Kunze, Markdorf
oben rechts: Le Beau Dieu, zwischen 1220 und 1230, Steinplastik an einem Portal der Kathedrale von Amiens. Foto: Martin Hürlimann
© VG Bild-Kunst, Bonn 2001
Mitte links: George Grosz: Maul halten und weiterdienen, 1935/36,
Photolithografie © VG Bild-Kunst, Bonn 2001
Mitte rechts: Spottkruzifix, 3. Jh., von römischen Legionären in die Wand eines Wachlokals geritzt. Inschrift: „Alexamenos betet seinen Gott an."
unten links: Otto Pankok: Christus zerbricht ein Gewehr, 1950, Holzschnitt © Eva Pankok, Hünxe
unten rechts: Ernst Barlach: Christus in Getsemane, 1919, Holzschnitt © Ernst Barlach Nachlassvertretung GmbH, Hamburg
S. 129 Keith Haring: Untitled, 1989, Silkscreen, 30 x 20 3/4 inches
© The Estate of Keith Haring
S. 138 Kirchen-Grafiken, aus: Materialdienst Image
© Verlag Bergmoser & Höller, Aachen
unten: © Dietrich Dorenbeck, Düsseldorf
Mitte rechts: © Reiner Seibold
S. 156 unten links: Altarraum, Pax Christi, Krefeld,
© Werner J. Hannappel, Essen
oben rechts: Kirchgang, Apostelkirche, Münster
© Tomasz Samek, Münster
unten rechts: Taufbecken, St. Heribert Köln
© Bildarchiv, Verlag Herder, Freiburg
S. 159 Face of Jesus
© Chrétiens-Médias, Paris
S. 166 Walter Habdank : Ausblick, Holzschnitt
© Walter Habdank, Berg

Zweite Auflage

www.herder.de

Gestaltung: Berres + Stenzel, Freiburg
Illustrationen: Michael Ryba, Lenzkirch
Herstellung: J. T. Himmer, Augsburg 2001

Gedruckt auf umweltfreundlichem Papier
ISBN 3-451-27457-4